AF240756

CAPITAINE H CHOPPIN

Trente Ans DE LA VIE MILITAIRE

PARIS

BERGER-LEVRAULT & Cⁱᵉ
Éditeurs

TRENTE ANS

DE LA

VIE MILITAIRE

TRENTE ANS

DE LA

Vie militaire

PAR

Le Capitaine H. CHOPPIN

Grande mortalis ævi spatium.

ILLUSTRATIONS HORS TEXTE PAR E. GRAMMONT

BERGER-LEVRAULT ET Cie, ÉDITEURS

PARIS	NANCY
5, RUE DES BEAUX-ARTS	18, RUE DES GLACIS

1891

AUX

SOUS-OFFICIERS

Un de leurs grands anciens

H. C.

Mes chers Camarades,

En toute confiance, je vous adresse ces pages. Vous y trouverez quelques épisodes d'une vie passée au régiment, à une époque où, comme aujourd'hui, l'amour du métier, le respect de l'uniforme, la solidarité, engendraient, à tous les degrés de la hiérarchie, les vertus essentielles au commandement. Ces qualités entretenaient le feu sacré du dévouement, de l'abnégation, des sacrifices, dont la Patrie a si largement profité, jusqu'au moment où l'on a perdu pied pour avoir voulu monter trop haut, sans être préparé à une lutte que l'adversaire avait prévue, contre laquelle il s'était solidement mis en garde.

Maintenant que la réorganisation de l'armée semble enfin être assise sur des bases solides, que les leçons d'une expérience cruelle ont dicté à chacun le rôle qu'il aura à remplir dans un avenir plus ou moins éloigné, vous ne cessez de travailler à l'œuvre du relèvement de l'état militaire. Tous vos efforts visent à la grandeur d'une institution *sans laquelle on ne pourrait opposer une barrière à l'envahisseur, réprimer les désordres, donner une sanction aux traités, une force aux lois.*

Dans toutes les circonstances, en garnison comme en Algérie, au Tonkin, sur la côte occidentale d'Afrique, à Madagascar, vous devez savoir que vos chefs ne cessent de compter sur votre collaboration effective. Chaque jour, ils en trouvent les gages précieux dans l'instruction et la discipline des compagnies, des escadrons, des batteries, dans le fonctionnement régulier des divers services.

Soyez donc fiers d'appartenir à l'armée; honorez l'uniforme que vous portez. Ne montrez ni colère ni violence contre les attaques dont vous êtes l'objet depuis quelque temps. Soyez indifférents à l'outrage.

La France a une entière confiance en vous. Elle sait que l'on vous trouvera toujours prêts, lorsqu'on fera appel à votre dévouement, au moment où les feux des bivouacs éclaireront les horizons de la frontière. Aussi, quand chacun de vous rentrera dans ses foyers, il est certain qu'on dira en le voyant passer : « Voilà un brave soldat, un honnête homme. »

Acceptez donc la dédicace de ce livre qu'un de

vos anciens a écrit en pensant au temps heureux pendant lequel il a porté les galons. De ce passé, il a conservé, au fond du cœur, la religion du métier, les chauds souvenirs d'une carrière dont il a senti les bienfaits par l'application du principe de l'obéissance complète, ardente, dévouée, inspirée par l'amour de la Patrie.

Ne vous affectez jamais des misères de l'état militaire ; je souhaite que vous puissiez, dans votre carrière, rester quelquefois en extase devant ses beautés.

H. C.

PRÉFACE

Né le 5 mai 1831, dix ans jour pour jour après la mort de Napoléon Ier, je me suis engagé, le 2 décembre 1851, en plein Coup d'État fait par le neveu. Ces deux dates qui font époque dans l'histoire, n'auraient-elles pas dû me servir pour escalader rapidement les échelons de la hiérarchie ? Il n'en a rien été. Cela tient probablement à ce qu'il ne m'est jamais venu à l'idée, sous l'Empire, de mettre mes supérieurs sur la voie de ce rapprochement.

Le plus clair de l'affaire est que j'ai

passé les trente plus belles années de ma vie au régiment. Je ne l'ai quitté que le jour où les articulations ont commencé à se rouiller, et sans attendre la limite d'âge, j'ai cédé la place à un autre.

Pendant ce temps, j'ai vécu avec beaucoup d'espérances et d'illusions, sans jamais manifester trop de mauvaise humeur, sans maudire mon étoile et mettre sur le dos de la fatalité les causes qui m'ont empêché de porter l'aigrette ou la plume du commandement.

J'ai parcouru l'Algérie, mis le pied sur le sol asiatique, dormi *in conspectu Tenedos,* visité Malte, Athènes, Constantinople, Scutari, manqué de mourir de soif dans le désert, de froid en Crimée, de chaleur en Italie, de faim et de honte sous les murs de Metz, échappé au fer et au feu des combats et des batailles, aux maladies endémiques, contagieuses, épidémiques, et n'ai pas à compter, aujourd'hui, avec des reliquats de fièvre ou de rhumatisme. Ne sont-ce pas là des avantages assez précieux pour faire son deuil d'un avancement dont tant d'autres bénéficient au prix de responsabilités et de vicissitudes qui m'ont été inconnues?

Ce préambule était nécessaire pour montrer qu'il est permis à l'auteur de parler d'un métier qu'il a connu sous ses différents aspects, d'en parler avec connaissance de cause.

Quant à ces souvenirs, je les ai recueillis dans tous les coins de ma tête et au plus profond de mon cœur. Je n'ai pas cherché à les coordonner. Ce sont des histoires régimentaires, jetées au courant de la plume sur le papier, sans aucune préoccupation de les cimenter les unes aux autres.

En livrant ces pages au public, j'ai la certitude de ne pas être accusé de présomption, parce qu'on n'y trouvera aucun aperçu sur l'art de la guerre, sur les réformes à l'ordre du jour, encore moins d'appréciations sur les sommités militaires de notre temps, sur la composition des armées étrangères et la manière de les combattre.

Quoique n'ayant aucun goût pour l'autobiographie, dont je redoute les difficultés, j'ai cru cependant devoir l'employer, pour mieux faire connaître des anecdotes dont je suis le narrateur le mieux informé.

Je raconte et ne récrimine pas, ce qui est assez rare à une époque où l'esprit civil déborde avec tant de fracas dans l'armée, quand l'amour des combats s'endort dans les longueurs de la paix; aussi, je pense que ces bagatelles ne seront pas traitées avec trop de sévérité.

Elles pourront intéresser, je le souhaite. Dans tous les cas, j'ai la conviction qu'elles ne feront de mal à personne.

Décembre 1890.

TRENTE ANS

DE LA

VIE MILITAIRE

CHAPITRE I

ENGAGEMENT ET DÉBUTS

Entrée dans la carrière. — Victime du Deux-Décembre. — Causes de mon engagement. — Une première nuit au régiment. — Le lendemain. — Le *Tout-Puissant*. — Une charge de lanciers.

ENTRÉE DANS LA CARRIÈRE

Je me suis présenté à Saint-Cyr en 1851 et ai été refusé.

Décidé à ne plus affronter les caprices d'une commission qui m'avait traité avec une rigueur exceptionnelle et fait payer, ainsi qu'à mes camarades de mathématiques élémentaires, une incartade que nous n'avons jamais regrettée, je me suis engagé.

Appartenant à une famille militaire, élevé dans le respect de l'armée, de l'armée que je considérais comme le sanctuaire de toutes les vertus et des généreux sacrifices, j'étais convaincu que je trouverais, dans la famille nouvelle, déboires, plaies et bosses, que contrebalanceraient de légitimes satisfactions.

J'étais donc bien décidé à entrer dans la carrière par la porte ou la fenêtre. Aussi, malgré les exhortations de ma mère, qui s'opposait à ce qu'elle appelait un coup de tête, je restai inébranlable dans ma résolution. A force de caresses, de promesses, en faisant miroiter à ses yeux de beaux rêves d'avenir, j'obtins son consentement et entrepris de suite les démarches nécessaires pour mettre mon projet à exécution.

A dix-neuf ans, la tunique du lycéen commence à brûler quelque peu les épaules. Je n'étais pas fâché d'oublier le chemin d'un établissement où l'on coule, prétend-on, les jours les plus heureux de la vie. J'avoue que j'y ai passé un temps exempt de soucis, de préoccupations. Respirer l'air pur de la liberté, que semblait humer le troupier baguenaudant sur les promenades publiques, me paraissait aussi le comble de la félicité. Puis, je n'allais plus être condamné au maniement perpétuel de la craie et de l'éponge, au manège de l'écureuil dans la petite cour entourée de murs élevés. Plus de théorie de la division, de discussion à l'infini sur l'équation du deuxième degré. Et la lutte des fils de Louis le Débonnaire, les Communes, la Féodalité, le Pouvoir royal, la chronique des ducs de Bourgogne, le tout agrémenté de mots historiques, de dates et le reste !!! Je savais par cœur, non seulement le nom des villes situées sur les grands fleuves, mais celui des cités arrosées par le Tech, le Blavet, le Têt, l'Orb, la Gly et autres rivières dont le cours n'a jamais eu une importance stratégique qu'aux yeux des examinateurs. Les exceptions énumérées dans la grammaire allemande n'avaient pas de mystères pour moi. Avec beaucoup d'aplomb, j'expliquais aussi la méthode des changements de plans que l'illustre Babinet venait de mettre en honneur et à laquelle je ne comprenais pas un mot. La ligne de terre X Y n'en passait pas moins, comme une

muscade, en X' Y' et lesdits changements s'o-
péraient à vue d'œil.

J'en avais assez de ma science, des classes,
des études, des promenades, des révoltes, du
dortoir.

Muni du consentement du colonel du 1er Lanciers, je me présente, le 1er décembre, au bureau
de la rue du Cherche-Midi pour passer la visite
et signer, le lendemain, un engagement de sept
ans à la mairie de mon arrondissement.

Je n'étais pas au bout de mes tribulations.

VICTIME DU DEUX-DÉCEMBRE

Possesseur des pièces indispensables à l'accomplissement de cet acte, je rentre chez moi un peu confus du chagrin causé à ma mère. Comme toujours, je suis reçu à bras ouverts. Je me rappelle le soin qu'elle avait apporté dans les préparatifs de cette soirée. Près du bon feu d'une cheminée qui ne fumait pas ce jour-là, on a beaucoup parlé de mon avenir, un peu aussi des événements politiques, de l'attitude du général Changarnier, de la loi des questeurs, d'autres choses encore.

Jusqu'à minuit, notre bavardage ne discontinua pas, et, après de bons baisers et la bougie soufflée, je m'endormis heureux. Dans cette nuit qui fait époque dans l'histoire, j'ai peut-être rêvé aussi que je battais les Mèdes, les Grecs, les Turcs, les chrétiens et les hérétiques.

A six heures du matin, la bonne frappe à ma porte, m'apprend que le Coup d'État est fait, la

Chambre dissoute, Paris en état de siège ; les bons se rassurent, les méchants tremblent, l'armée est pour le président de la République, etc., etc.

Victor Hugo affirme que le gamin de Paris, celui de mon temps, n'avait que deux ambitions, faire raccommoder sa culotte et renverser le Gouvernement. Sur le premier point, l'économe du lycée et ma famille m'avaient donné toute satisfaction. Quant au second, j'avoue que je n'étais pas fâché d'assister à une révolution, de voir le peuple souverain réclamer des libertés.

Je saute en bas du lit et, cinq minutes après, suis dans la rue. Les murs sont couverts de proclamations, de décrets, d'ordonnances. Des troupes un peu partout ; beaucoup d'hésitation dans la foule. On commente vivement la résolution prise par le président de la République. Je porte mes pas du côté du Palais-Bourbon. Rue de Bourgogne, un groupe de députés veut forcer la porte gardée par un piquet d'infanterie. Le général Oudinot crie à la trahison, parle de la Constitution, décline son nom et sa qualité à l'officier qui, pour toute réponse, fait croiser la baïonnette, puis apprêter les armes, et menace les mandataires du peuple de commander le feu s'ils ne se retirent pas immédiatement.

Cette délégation de la représentation nationale bat en retraite en bon ordre et se dirige vers la mairie de la rue de Grenelle, là où je dois m'engager.

Je lui emboîte le pas, monte les escaliers et me voilà dans une salle où se trouvaient déjà Odilon-Barrot, Berryer, M. de Kerdrel et une centaine de députés qui protestaient contre la violation de la Constitution. J'assiste en curieux à cette séance, bientôt troublée par une compagnie de chasseurs à pied qui envahit la salle. Toutes les personnes qui parlaient, s'agitaient, sont ramassées par le détachement. Un vigoureux coup de crosse, appliqué quelque part, me fait comprendre que je me suis aventuré dans une galère où je n'aurais pas dû aller.

Je cherche aussi à protester contre cette manière d'agir des prétoriens à mon égard. On me pousse entre deux files de soldats au milieu des députés, et nous arrivons ainsi au quartier de cavalerie du quai d'Orsay ; les portes se referment sur nous. Si on m'avait annoncé alors que j'allais être passé par les armes, j'aurais remercié les dieux. J'étais victime de l'arbitraire, martyr de la liberté, fort de ma conscience, toutes choses que mon estomac ne semblait pas partager.

Mon rêve a été de courte durée. Un adjudant-major qui, m'a-t-on dit plus tard, était M. de La Rochefoucault, vint me demander ce que je faisais là. Sans attendre ma réponse, il donne l'ordre, en termes assez difficiles à reproduire, de me mettre à la porte et, à mon grand regret, on m'expulse par la rue de Lille pour me soustraire, probablement, aux ovations qu'aurait pu me prodiguer la foule massée sur le quai. Je me croyais vraiment quelqu'un.

Après cette aventure et un peu de réflexion, il aurait été sage de remettre à un autre jour mes projets. J'eus un moment d'hésitation. Le hasard me conduisit à la mairie de la place Saint-Sulpice où, à quatre heures de relevée, avec deux témoins inconnus, que l'on trouve toujours en pareille circonstance, je contractais un engagement pour le 1er lanciers. Après quatre jours de délais, qui me permirent d'assister aux événements de Décembre, je débarquais à Joigny, où se trouvait le dépôt.

Et voilà pourquoi il m'est souvent arrivé de dire, à l'anniversaire du Deux-Décembre, qui est aussi celui de mon engagement : « A pareille époque, j'ai été mis en prison en assez bonne compagnie. »

CAUSES DE MON ENGAGEMENT

Le 5 août 1851 avait lieu la distribution solennelle des prix du lycée de Lyon, cérémonie des plus imposantes, à laquelle assistaient les autorités militaires, religieuses et civiles de la seconde ville de France.

Le censeur, ancien professeur de cinquième, ne pouvait pas sentir les élèves de mathématiques et ne manquait jamais une occasion de nous être désagréable ; sur ce point, comme en théorèmes, la réciproque était vraie. Il y avait eu, dans le courant de l'année, deux ou trois commencements de révolte, puis tout était rentré relativement dans le calme ; le feu de la vengeance n'en couvait pas moins sous la cendre. Notre résolution fut prise ; d'un commun accord, *les grands* décidèrent qu'on ferait du boucan lorsque notre bête noire se lèverait pour proclamer les prix.

Le discours, prononcé par le professeur de

seconde, est écouté avec recueillement et applaudi. Au moment où le censeur ajuste ses lunettes pour donner lecture du palmarès, un vigoureux coup de sifflet se fait entendre et a pour écho le bruit des tambours battant aux champs. Par une singulière coïncidence, le maréchal de Castellane faisait son entrée dans la salle de la distribution. Grande émotion sur l'estrade, où l'on se demande si le gouverneur militaire a entendu cette manifestation stridente. Connaissant le caractère du maréchal et ses excentricités, on pouvait s'attendre à tout. Les mères et les sœurs tremblaient ; qu'allait-il arriver ? Il y eut un moment de silence. Le maréchal fait signe de continuer la cérémonie. Le censeur reprend le palmarès et les cris de « vive la Pologne ! » couvrent sa voix. C'était un simple hommage rendu à notre professeur d'allemand, au brave Schiminski, à qui l'autorité ne pouvait pardonner d'avoir pris le fusil, deux ans auparavant, pour l'indépendance de son pays.

Je me demande encore aujourd'hui comment une telle manifestation ne m'a pas désigné plus tard à l'attention de mes concitoyens pour me donner une situation politique en rapport avec la fermeté de mes opinions devant un fonctionnaire de l'Université qui ne passait pas pour aimer la Révolution ?

Pour les examens oraux de Saint-Cyr, il y avait alors deux degrés ; le premier était passé par des professeurs de l'école, dont l'un très redoutable, celui qui interrogeait sur l'histoire, la géographie et l'allemand. Le lycée eut un grand succès ; peu de mes camarades restèrent sur le carreau. On traduisait alors l'allemand à livre ouvert et c'était là ma partie faible. J'eus la chance de tomber sur la bataille de Prague, de la *Guerre de Sept ans* d'Archenholz, pages que j'avais traduites plusieurs fois. Je lus attentivement le texte, et sans me presser, montrant même quelquefois de l'hésitation, traduisis d'une manière remarquable, ce qui me valut des compliments du terrible aréopage.

Tout marchait donc sur des roulettes. Nous nous présentâmes pleins de confiance devant la seconde commission, présidée par un lieutenant-colonel d'artillerie assisté d'un capitaine du génie et de M. Tarnier au chapeau blanc, aux sous-de-pied légendaires.

Du premier moment, il est facile de voir que nous sommes en face de juges peu disposés en notre faveur. On ne nous interroge pas sur les numéros que nous avons tirés ; les difficultés de toutes sortes nous sont présentées ; les examinateurs ne ménagent pas leurs impressions peu flatteuses. Mon tour arrive. En histoire, je tombe sur la guerre des Albigeois et me lance dans des appréciations sur saint Dominique, Simon de Montfort, etc.

— On ne vous demande pas tout cela, dites-nous les faits.

— Castelnaudary et Béziers.

— C'est tout ce que vous savez ?

— Mais puisque vous ne voulez pas me permettre de dire les causes de cette guerre pour arriver aux faits et en tirer les conséquences, je n'ai pas autre chose à répondre.

— Nous n'aimons pas les fortes têtes. Nous vous engageons à prendre une attitude plus respectueuse, si vous voulez continuer vos examens.

En cosmographie, les phases de la lune; je couvre le tableau d'une circonférence des mieux réussies, que j'orne de pleines lunes, de demi-lunes, de quarts de lune, de toutes les lunes possibles.

— Savez-vous quelles sont les variations de l'écliptique sur l'équateur?

— Oui, Monsieur, 21′, 22′, 23″.

— Démontrez.

— Le programme porte *énoncer* et non *démontrer;* comme notre cours n'est pas celui que l'on suit à l'Observatoire de Paris, il m'est impossible de répondre à la question.

— C'est bien, vous êtes un raisonneur.

Et toute notre classe fut refusée cette année-là. Le président était le neveu du censeur. Il fallait donc le dire; nous n'en aurions pas moins manifesté le jour de la distribution des prix.

Et voilà pourquoi je me suis engagé au 1ᵉʳ régiment de lanciers, dont j'admirais les chevaux et les cavaliers que je rencontrais dans les rues de Paris.

Ma feuille de route m'invitait à prendre la ligne Paris-Lyon-Méditerranée pour me rendre au dépôt, où l'on devait m'initier aux exigences et aux douceurs de la vie militaire.

J'ai rencontré, depuis, bien des camarades de cette époque ; l'aigrette ou le chapeau ferré qu'ils portent ne m'ont jamais fait regretter *mon coup de tête*. J'ai été heureux dans l'armée, où il m'a été permis de voir beaucoup de pays aux frais de l'État, d'assister à pas mal de batailles et de combats. Je pensais toujours à l'éventualité d'une guerre prochaine en me rappelant la fameuse histoire de la giberne et du bâton de maréchal.

Que peut-on désirer de plus ?

UNE PREMIÈRE NUIT AU RÉGIMENT

Débarqué à Joigny, par un froid de loup, en plein décembre, je rencontre sur le pont un brave lancier qui m'indique le quartier de cavalerie. Suivi du commissionnaire porteur de ma valise, je me présente, vers trois heures de l'après-midi, à la porte de la demeure volontairement choisie.

Le factionnaire me fait entrer au poste où, au milieu de la fumée du poêle et du tabac, on a de la peine à découvrir ceux qui y sont installés et mangent des marrons.

Un homme de garde me conduit au bureau du maréchal des logis chef où je retrouve la même atmosphère. Ledit cavalier m'accompagne chez le major commandant le dépôt, chez le trésorier, puis me ramène au quartier. Pendant le trajet, il m'indique les endroits où l'on vend d'excellent vin, où l'on mange une côtelette succulente. Il me dit que le major

Il n'y a pas moyen de carotter une minute pour descendre à la litière. ... (V. p. 19.)

est très aimé. On prétend que c'est sa femme qui porte les bretelles et commande effectivement le dépôt, ce qui est parfaitement égal aux lanciers.

Le capitaine commandant est « embêtant » ; il ne punit pas beaucoup, mais « gueule » toujours. Les officiers ne plaisantent pas. Il y en a cependant un qui n'est pas trop « canulant », c'est le lieutenant en 2ᵉ ; on l'appelle Bou-Farick parce qu'il a servi en Afrique. Celui de semaine est toujours là au réveil ; il n'y a pas moyen de carotter une minute pour descendre à la litière. Les sous-officiers sont de « vilains bougres », très durs à l'instruction, font coucher à l'ours tout individu qui, à l'appel de trois heures, n'a pas son lit fait comme un billard, sa charge exactement carrée, son cheval bien pansé.

Les brigadiers sont assez bons garçons, mais aiment aussi à « se faire rincer la gueule ». La cantinière est une bonne femme ; elle ne fait pas grand crédit et vend le vin trop cher.

En ouvrant, pour la seconde fois, la porte du bureau du maréchal des logis chef, j'étais donc fixé sur le caractère du personnel au milieu duquel j'allais être appelé à vivre, sur le dialecte de la troupe.

Les sous-officiers étaient réunis pour rendre compte des hommes qu'ils pouvaient mettre à cheval, dans le cas où il y aurait un service commandé en vue des événements politiques qui se passaient et de l'agitation signalée dans les campagnes.

On me demande des renseignements sur le coup d'État. Je raconte tout au long ce que j'ai vu.

Je trouve des gens assez aimables pour m'inviter à dîner. Comme les malles sont défendues dans les chambres, on veut bien se charger de la mienne. Puis, tout le monde prend le sabre et le schapska ; on se met en route pour le café. Le fourrier appelle un brigadier de mon peloton, lui donne l'ordre de toucher ma fourniture et me voilà parti en ville avec ces messieurs.

Au café, les uns jouent au billard, les autres causent avec la dame du comptoir ; elle était vraiment séduisante ; je la voyais avec des yeux de dix-huit ans.

On parle, on fume, et l'on s'aperçoit que

l'heure du dîner est passée. On se rend à l'hôtel du Duc-de-Bourgogne où nous faisons un repas délicieux. En ce temps-là, pour deux francs par tête, on se serait cru chez Lucullus et le vin de la côte Saint-Jacques n'était pas à dédaigner.

On retourne au café ; à dix heures du soir, on reprend le chemin du quartier. J'avais un mal de tête à croire qu'une nouvelle Minerve allait sortir armée de mon cerveau. Je n'en pouvais plus.

Au corps de garde, le maréchal des logis dit au brigadier de consigne de prendre les clefs et de me « fourrer à la boite ». J'ouvre de grands yeux ; on m'annonce que j'ai été porté manquant à l'appel du soir. Le lieutenant a passé dans la chambre ; on a été obligé de lui dire que le lit vide appartenait à l'engagé arrivé dans l'après-midi.

Il faisait onze degrés de froid ; j'étais malade comme un cheval. On m'introduit à la salle de police où, quelques instants auparavant, un homme gris avait cassé les carreaux. Malgré cette aération, je faillis tomber à la renverse. La porte se referme sur moi. « Qui est là ? »

demandent les lanciers couchés sur le lit de camp ou battant la semelle pour se réchauffer. Grand étonnement de voir un lycéen en ce lieu, que des flots de parfums n'auraient jamais pu désinfecter. Je claquais des dents, flageolais sur les jambes et pensais au chagrin qu'éprouverait ma mère si elle savait comment j'avais passé du bon lit de la veille, de la chambre bien chaude, dans cet affreux local. — « Eh bien, jeune homme, vous allez nous faire le plaisir de rendre les honneurs à Jules avant de le prendre demain par les oreilles. »

On me met un manche à balai entre les mains et m'intime l'ordre formel de faire faction devant un baquet où... Il faudrait la plume d'un maître pour retracer les péripéties de cette nuit terrible où j'ai pensé mourir de froid, de honte, de rage. Si Zola écrit jamais un roman sur l'armée, je lui recommande ce chapitre naturaliste.

Au réveil, on ouvre la porte ; avec un de mes compagnons de captivité, nous passons mon arme nocturne dans les oreilles du susdit Jules pour le porter quelque part et le nettoyer.

Je n'étais pas au bout de mes tribulations.

Si la nuit n'avait pas été agréable, ses suites laissèrent beaucoup à désirer sous le rapport du réconfortant et autorisaient mes regrets vers le passé. Le vin était tiré, il fallait le boire jusqu'à la lie. Les premières gorgées ont paru assez fades, puis on s'y est habitué. Il n'y avait pas moyen de faire autrement.

Engagés volontaires d'aujourd'hui, mes camarades, vous que l'on met un peu dans du coton, vous vous rendrez compte, par la suite de ce récit, que tout n'était pas rose au début d'une carrière dont on connaissait immédiatement les épines avant d'en savourer les enivrantes odeurs. Vous allez en juger.

LE LENDEMAIN

Un falot à lueur blafarde, de jeunes chevaux de Tarbes tapant sur les bat-flancs en attendant la botte, me donnèrent de suite une triste idée du service militaire que j'allais avoir à faire: lever le fumier derrière les animaux. Je mets la main à la pâte et travaille de mon mieux, fatigué, harassé, éreinté. On m'aide un peu, puis on m'emmène à la cantine prendre un quart d'eau-de-vie blanche pour me remettre. J'avale la pilule sans sourciller, mais non sans remarquer que la cantinière et son mari me regardent d'un mauvais œil. Ils savent que j'ai fait des dépenses en dehors du quartier. Ils ne me pardonnent cette infraction aux règles les plus élémentaires du savoir-vivre que lorsque, sur l'invitation d'un ancien, je leur annonce que, pour ma bienvenue, je paye tant de bidons de vin, de litres d'eau-de-vie, de livres de pain et de fromage, le tout pris chez eux.

L'abreuvoir des chevaux, au début, n'est pas chose facile. ... (Page 30.)

Après le pansage, je passe la visite du docteur ; il trouve que j'ai la fièvre et me reconnait bon pour le service. Dix minutes après, on m'habille et équipe. Il a fallu un miracle pour me permettre d'arriver dans la chambre avec tous les effets et armes que l'on avait mis dans mon

Il a fallu un miracle pour me permettre d'arriver dans la chambre.....

manteau, que je portais sur mes épaules ; sous mon bras, lance, sabre, pistolet, effets de petit et de grand équipement, une paire de sabots, etc.

J'aurais pourtant bien voulu me débarbouiller ; on me dit d'aller dans la cour, à la pompe ; elle était gelée. Un lancier me permet de prendre de l'eau dans la cuve de l'écurie et m'indique comment on procède à ses ablutions au régiment. On met le liquide dans la bouche, pour le laisser couler petit à petit dans les mains, dont on se frotte la figure. Il est défendu d'avoir une serviette, de s'essuyer avec les draps; c'est simple comme bonjour, mais peu agréable, encore moins commode. Mon voisin de lit me fait comprendre qu'il est convenable d'aller manger la soupe à la cantine avec les camarades. La cantinière a bien voulu se déranger de son comptoir et me dire, avec son accent alsacien, que j'étais un gentil garçon, qu'elle préparerait une oie pour la soupe du soir.

Je me demande encore comment j'ai pu résister à tant d'émotions, de fatigues, à cet empoisonnement continuel. Je tenais bon et ne voulais pas avoir l'air d'une poule mouillée. Quatre jours après mon arrivée au corps, ma grande filoche arabe que ma mère avait généreusement garnie, était à sec, ma montre vendue et tout mon linge disparu. J'étais à l'ordonnance et avais crédit à la cantine.

Je faisais mes classes sur les bords de l'Yonne,

par un hiver des plus rigoureux. Affirmer que je n'ai jamais pleuré le soir dans mon lit, serait commettre un gros péché. Si j'avais les yeux rouges au réveil, j'attribuais cela à l'odeur du fumier que je commençais à rouler avec art, après l'avoir épluché avec componction.

A cheval, on me disait d'avoir la tête devant moi, les fesses sur la selle, les cuisses pendantes, le pli des genoux liant, recommandations qui me faisaient prendre une position extraordinaire et traiter de cosaque par l'instructeur.

Le hasard vint un jour à mon aide. Pendant le repos, quelqu'un dit que je prétendais savoir monter à cheval. On me prend au mot et donne l'ordre d'enfourcher un cabochard qui, ce jour-là et je ne sais pourquoi, a été très docile. Le capitaine instructeur me fait des compliments, et au lieu de me laisser sur la piste, les étriers relevés, le gauche par-dessus le droit, une rêne de bridon dans chaque main, me met au dressage des chevaux destinés aux escadrons de Paris.

Je montais mes gardes d'écurie, faisais tout mon service. J'ai trimé comme cela pendant environ huit mois, pour passer brigadier, un des plus beaux jours de ma vie. Cinq ans plus tard, après avoir goûté de l'Afrique, fait la campagne de Crimée, j'arrivais à la haute position de sous-officier et, n'ayant jamais volé, assassiné, prêté à usure, j'ai eu mon brevet de sous-lieutenant après 14 ans de services. J'étais sur le tableau d'avancement depuis cinq ans ; personne ne m'a jamais passé sur le dos.

Engagés volontaires, mes camarades, vous voyez que dans l'ancienne armée, qui avait bien son bon côté, tout allait moins bien qu'à présent et l'on ne se plaignait cependant pas, comme cela arrive aujourd'hui. .

Je me souviens encore que l'abreuvoir, au début de la carrière, n'est pas chose facile. On me dit que l'on vous évite, aujourd'hui, cette corvée.

Les incidents militaires n'étaient pas à l'ordre du jour, la presse ne s'occupait pas alors de ce qui se passait au régiment. On respectait les officiers et les sous-officiers ; les hommes seraient passés dans le feu pour leur éviter un désagrément. L'esprit de corps battait son plein, le sentiment militaire n'était pas un vain mot.

J'aurais beaucoup de choses à vous raconter là-dessus. Je préfère vous dire un mot de l'excellent cheval avec qui j'ai vécu en bonne intelligence pendant une partie de mon séjour au 1er de l'arme. Là, on m'initiait aux beautés du maniement de la lance, en me faisant admirer la puissance du fameux coup « en avant parez et en arrière pointez », que j'exécutais tant bien que mal à toutes les allures, attendant avec impatience le commandement : « repos », dont l'instructeur n'abusait pas.

LE TOUT-PUISSANT

L'histoire de mes chevaux serait bien longue à raconter. Pendant trente ans de service, sans jamais avoir été embusqué, j'en ai monté de toutes les origines, de toutes les robes, de tous les caractères.

Je ne parlerai pas de ceux qui m'ont salué, au début de la carrière, de ruades vigoureuses et de coups de dents à emporte-pièces. Cette race de mécontents de l'attache paraît avoir disparu depuis que les régiments n'immatriculent plus que des animaux ayant fait un stage dans un dépôt de transition ou dans un établissement hippique quelconque. Ils reçoivent là, paraît-il, une éducation soignée, arrivent au corps avec une docilité qu'on ne rencontrait pas toujours chez leurs aînés.

De ce côté, il y a un progrès dont je n'ai pas le loisir d'énumérer tous les avantages. Je suis certain, du reste, que si un jeune cheval se

J'arrive à l'histoire du Tout-Puissant... (Page 55.)

permettait de fouler aux pieds un conscrit, on ne manquerait pas de demander une enquête, d'adresser une interpellation, d'établir l'équation exacte des responsabilités, de renverser le ministère au besoin.

Tout gamin, j'étais toujours à cheval quand je pouvais tromper la surveillance de ma mère qui, du reste, ne me détournait pas de mon goût pour l'équitation, tout en ayant peur des accidents. A dix ans, j'ai conduit quelques reprises des élèves de l'École d'application d'état-major. Je me rappelle ma joie le jour où le général Korte, qui commandait à l'École militaire, a envoyé son planton pour demander quel était le bambin qui travaillait si bien un poney sur le Champ de Mars.

J'ai ouvert cette parenthèse, que je m'empresse de fermer, pour dire que si je ne mangeais pas du cheval, comme cela m'est arrivé en Crimée et à Metz, je ne l'en aimais pas moins.

J'arrive à l'histoire du *Tout-Puissant*, bai-brun, âgé de cinq ans, venant de la remonte de Tarbes. Il avait le garrot bien attaché, l'épaule musclée ; il était impossible de lui trouver une tare ; il se montrait d'une humeur égale, toujours désagréable. Jamais on n'avait vu une bête aussi difficile au montoir et d'un plus bel aspect.

On demande des chevaux au dépôt pour les envoyer aux Guides de la Garde, alors en formation. Je présente l'animal féroce. J'étais cavalier de 2e classe. Les talons sur la même ligne, une olive de bridon dans chaque main, j'entends les observations des officiers.

— C'est une excellente bête, dit le capitaine, qui n'était pas fâché de se débarrasser de cette « rosse » ayant déjà envoyé quelques hommes à l'infirmerie et à l'hôpital.

— Oui, répond le major, mais s'il fait du grabuge à Paris, on me le renverra ici à mes frais. Pourquoi ne pas le donner à un cavalier qui se chargerait de le dresser ?

Pendant cet examen, le *Tout-Puissant* se frottait sur mon épaule. Je lui racontais tout bas des histoires impossibles pour le faire rester tranquille. Nous avions l'air de faire un véritable commerce d'amitié.

— Tenez, dit le major, donnez-le en consigne à ce lancier, il en fera peut-être quelque
chose.

Au pansage, j'entre dans la cage, c'est-à-dire
dans l'intervalle du terrible animal.

Quatre jours après, je mettais le pied à l'étrier
sans aucune difficulté, passais la jambe par-dessus la croupe et arrivais tranquillement en selle.
Je ne sais pas si, à ce moment, on m'a pris pour
un dompteur, un centaure, pour Raabe, d'Aure
ou Baucher, mais j'ose affirmer que jamais je
n'ai été aussi fier de monter un excellent cheval,
qui préférait la douceur à la brutalité, une
croûte de pain à un coup de fourche.

UNE CHARGE DE LANCIERS

Je ne quitterai pas le 1er régiment de lanciers sans raconter une histoire peu édifiante dont j'ai été un des acteurs. En devenant vieux, le diable, parait-il, se fait ermite; c'est ce qui m'engage à me frapper la poitrine, à me couvrir la face en pensant à ce que j'ai fait quelque temps après mon engagement. Que celui qui n'a jamais trébuché me jette la première pierre. Du reste, les galons ont effacé bientôt les traces de la faute commise. « A tout péché miséricorde », a dû dire le colonel.

Cette charge a eu lieu vers le milieu de 1852, en plein Paris, sur l'avenue des Champs-Élysées. — Après le coup d'État du Deux-Décembre, tant que la capitale a été en état de siège, des patrouilles de cavalerie ont sillonné, le soir, les grandes voies publiques, pour donner la confiance aux bons et faire trembler les mauvais.

Le 1er régiment de lanciers, alors caserné à

l'École militaire, participait naturellement à ce service ; il était spécialement chargé de la surveillance de la zone de terrain qui s'étend de la place de la Concorde au Bois de Boulogne. Un jour, la patrouille, commandée par un jeune brigadier, fils d'une des plus anciennes sociétaires du Théâtre-Français, se composait de quatre cavaliers, engagés volontaires, s'appelant l'un le vicomte de B., l'autre le marquis de L., le troisième portait le nom d'un banquier célèbre, le quatrième signe ce livre.

Après avoir passé l'inspection du maréchal des logis de semaine, du capitaine adjudant-major, avoir reçu une consigne des plus détaillées sur l'itinéraire à suivre et l'importance de notre mission, on rompt par deux. A peine sortions-nous des portes du quartier pour suivre, tout pensifs, l'avenue de Lamothe-Piquet, la même idée vient à germer dans notre esprit.

— Brigadier, dit de B. en arrivant sur l'esplanade des Invalides, si nous allions dîner !

— Y pensez-vous ?

— La nuit arrive ; qu'allons-nous faire sur

les Champs-Élysées et aux alentours du Trocadéro ? Nos chevaux seront certainement fatigués dans une heure ! Il serait inhumain de refuser à ces nobles animaux le repos auquel ils ont droit, une bonne musette d'avoine qu'ils accepteront avec plaisir.

— Mais où ?

— A Madrid. On mettra les chevaux à l'écurie, nous dînerons en cabinet particulier et, en rentrant, quand vous aurez rendu compte qu'il n'y a rien de nouveau, personne ne saura que nous avons fait cette halte.

Qui fut dit fut fait. Jamais de ma vie je n'ai trouvé une différence aussi grande entre l'ordinaire de l'escadron et le menu du restaurant du Bois de Boulogne. Après avoir fait des études sérieuses sur les grands crus, pris un café fortement cognaqué, sans oublier le coup de l'étrier, nous nous remettons en selle, non sans éprouver quelque difficulté à prendre la position réglementaire.

Nous suivons tranquillement l'avenue des Champs-Élysées. A hauteur du rond-point, nous apercevons un rassemblement où certainement on ne pouvait manquer de conspirer la ruine du Gouvernement. Nous nous rappelons que notre mission est de sauver la société. Le brigadier nous fait mettre sur un rang, croiser la lance, et commande la charge. Les chevaux font feu des quatre pieds ; on tombe tête baissée sur les manifestants, qui se garent comme ils peuvent derrière les arbres. Il leur est impossible de nous échapper. Seulement alors, on s'aperçoit que chacun de nous avait vu plus que double. Le rassemblement se composait de trois personnes qui, évidemment, étaient des coupables de première marque. L'un d'eux veut parler ; le brigadier lui impose silence.

— Nous sommes dans notre tort, dit alors un des criminels. Nous nous rendons à discrétion et allons vous suivre.

On les fait placer au milieu de la patrouille et l'on arrive ainsi place Vendôme.

Nous mettons pied à terre, attendons les compliments que le gouverneur de Paris ne peut manquer de nous faire adresser par son aide de camp. Cinq minutes après, des gardes viennent prendre nos chevaux, pendant que le chef de poste nous introduit *in carcere duro.*

Le lendemain, nous étions reconduits, sous bonne escorte, à l'École militaire.

Les conspirateurs qui nous avaient joué ce mauvais tour, étaient M. de Morny et deux de ses amis. Le brigadier T... a été cassé, envoyé en Algérie. Quant aux quatre cavaliers, couverts par la responsabilité de leur supérieur immédiat, ils en ont été quittes pour quelques jours de salle de police et, depuis, ont réfléchi bien souvent aux inconvénients d'agrémenter un service militaire d'un extra non prévu par les règlements. Ils ont toujours béni la présence d'esprit de M. de Morny et juré qu'on ne les reprendrait plus à assurer l'ordre dans de pareilles conditions.

De ces cinq lanciers, trois sont morts, un quatrième a mal tourné, il est député. Quant au dernier, il reste encore debout pour rappeler cette infraction à la discipline et engager ses camarades de la jeune armée à ne pas l'imiter. Il n'en regrette pas moins ce bon temps où l'on donnait des coups de canif dans le règlement, mais où tout se passait dans la grande famille, qui n'était pas atteinte du virus civil qui la désorganise pour en arriver à en faire une bande armée sans consistance, jour tant désiré par les politiciens qui, comme avant 1870, attendent avec impatience le moment où la fabrication des fusils sera remplacée par celle des socs de charrue.

Au moment où il est question de rétablir la lance, je me suis rappelé la seule occasion qu'il m'ait été donnée d'utiliser cette arme; elle n'est pas brillante, comme on vient de le voir.

Le régiment quitte Paris pour Libourne, où je suis nommé brigadier. J'étais fait à la vie militaire, tout en la comprenant autrement. La promenade des chevaux, la responsabilité de la propreté du quartier, les revues continuelles des pantalons de cheval n° 2 retournés et quantité de corvées, assuraient la discipline qui fait la force de l'armée. Mais, il me semblait qu'au delà de cet horizon il y avait un terrain plus agréable à parcourir. - Aussi, à la première inspection générale, je fais la remise de mes galons et m'embarque pour Mers-el-Kébir comme cavalier de 2ᵉ classe au 2ᵉ chasseurs d'Afrique.

Pierre qui roule, me disait-on, n'amasse pas de mousse. Ma foi, tant pis. A la grâce de Dieu.

Pour cette époque fin de siècle, il sera peut-être difficile de comprendre la désinvolture avec laquelle nous acceptions toutes les aventures, bonnes ou mauvaises, de l'existence. Elles étaient plus souvent mauvaises que bonnes, mais nous avions du feu, de l'enthousiasme, de la camaraderie et bien peu de raison. Voilà, mes chers camarades, toute notre excuse.

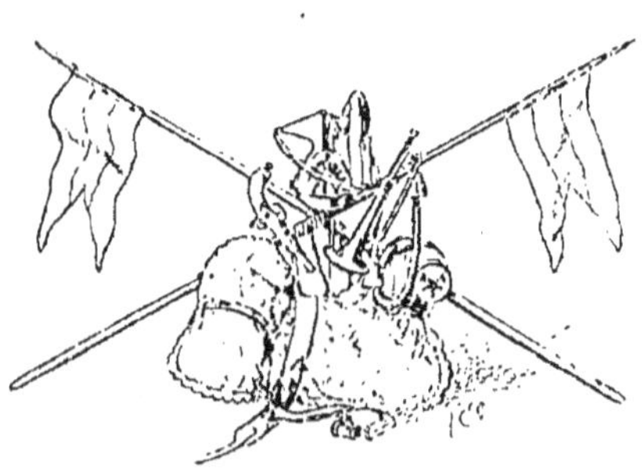

CHAPITRE II

ALGÉRIE

Mon premier duel. — La Meule. — Le choléra. — Une réception à Mostaganem. - Les mercantis. — Le duel du général. — Le lieutenant Tourlouzine.

MON PREMIER DUEL

Parti de Marseille sur un sabot appelé *le Phénicien*, j'ai eu sept jours de traversée dans des conditions extraordinaires. J'étais heureux de naviguer vers l'Algérie; le reste me préoccupait peu.

En débarquant à Mers-el-Kébir, un bataillon de zouaves est rangé sur le port pour nous accompagner à Oran. Je suppose que ces précautions sont prises en vue de nous défendre contre les attaques des Arabes. Il n'en est rien. La force armée n'a qu'une consigne,

celle de ne pas laisser les hommes du détachement s'arrêter dans les cabarets, surtout
aux fontaines.

Le quartier du 2ᵉ chasseurs d'Afrique n'avait
rien de monumental; le bureau du maréchal des
logis chef me parut même assez primitif. Placé
au 4ᵉ escadron, les camarades me reçurent très
bien et m'invitèrent de suite à prendre le café.
On ne pouvait pas être plus aimable. Deux
heures après, j'étais habillé, équipé, armé, fort
embarrassé pour caser mes effets. Un vieux brigadier voulut bien me faire de la place à côté
de sa charge, me prévenir que je resterais
probablement cinq ou six mois avant que mon
tour d'avoir un lit n'arrivât. J'ai couché sous la
tente assez longtemps, préférant encore cet
asile à la chambrée, où je n'étais pas familiarisé
avec la manière de vivre de mes vieux et excellents compagnons, dont les histoires étaient
plus surprenantes les unes que les autres.

On m'avait bien recommandé de ne pas quitter les ceintures de flanelle dont l'État m'avait
gratifié généreusement.

Du premier jour, elles avaient disparu comme

par enchantement et je ne m'en suis pas plus
mal porté pour cela.

Bientôt acclimaté à la vie du régiment, je
ne me suis pas repenti d'avoir traversé le
golfe.

J'étais dans l'escadron qui passait pour avoir
la chance de se trouver à toutes les affaires.
Bientôt nommé brigadier, j'avais encore eu la
veine de tomber dans un peloton célèbre, d'a-
voir pour collègue le fameux Cotel.

Cotel était un ancien gendarme maure.
Blessé aux Portes de Fer, après avoir eu un
cheval tué à Isly et avoir assisté à la prise
d'Abd-el-Kader, il était entré un des premiers
à Laghouat. Connu dans tout le pays, de
Souk-Ahras à Tlemcen, son nom avait été souvent mis à l'ordre du jour. Il ne savait ni lire
ni écrire. Quand son congé était fini, il mettait
le pied sur le bateau pour aller à Marseille,
« vendre le cochon à papa ». Le remplacement
dévoré, il débarquait bientôt à Mers-el-Kébir
et, après une halte aux bains de la Reine, le
cabaret en renom de la route d'Oran, il rentrait
au peloton pour reprendre la place qu'on lui

avait gardée. Il avait fait ce manège plusieurs fois et attendait stoïquement sa retraite.

Au physique, une tête de Kalmouck, d'énormes moustaches, une barbiche descendant jusqu'à la poitrine et soigneusement enroulée, le soir, dans un morceau de cravate bleue pour lui donner une ondulation dont il était fier.

C'était un homme très doux ; dès mon arrivée, j'avais gagné sa confiance et son amitié, sentiments qui n'avaient fait que grandir avec les mandats sur la poste que je recevais et qui nous permettaient de faire quelques visites au « Petit-Périgord », le Tortoni de la rue de Paris, à Oran.

Un samedi, nous descendions de garde ; après la soupe du soir, assis sur une couverture étendue à terre, devant la chambre, nous prenions le café, agrémenté, ce jour-là, d'une *mousseline*, excellent pain blanc de deux livres confectionné par le Maltais du coin.

Cotel nous avait raconté la bataille d'Isly, la bravoure de Morris, les circonstances dans lesquelles les muscles de la croupe de son cheval avaient été déchirés par les griffes d'un lion.

VIE MILITAIRE.

Un véritable musée s'offrit à mes yeux. (Page 52.)

La *Meule*, notre chien, notre ami, avait pris son quart de café comme les camarades et, assis près de moi, écoutait attentivement le récit des uns et des autres.

A dix heures, l'extinction des feux nous engage à aller nous coucher. Je ne sais comment cela se fit, mais je marchai sur la patte du chien qui poussa un cri.

— Animal! dit Cotel.

— Animal vous-même!

— C'est bon, dirent de suite deux brigadiers, vous arrangerez cela au réveil.

Puis chacun s'en alla.

Un de mes témoins (on avait organisé les détails du duel) vint prendre mon sabre pour le faire aiguiser chez l'armurier.

J'avoue que j'étais un peu ahuri par cette histoire. Ma chambre était dans une vieille mosquée. Nous l'avions souvent comparée à l'arche de Noé à cause de ses habitants de toutes sortes. Il y avait des tortues dans les musettes, des caméléons sur les fusils, des tarantes sur les vitres, des scorpions sous les pierres, des serpents dans le plafond, sans compter les insectes multiples. Malgré cela, je m'endormis aussi tranquillement que le duc d'Enghien la veille de Rocroy.

A trois heures du matin, on me réveille. J'avais préparé mon pantalon de coutil le plus blanc, et, bien boutonné, suivis le groupe des témoins. On s'arrête dans un petit chemin allant à la mer.

Jamais je ne retrouverai un endroit si joli. On était au milieu des cactus, des aloès, des figuiers, avec l'immensité devant soi. Le drapeau tricolore flottait au sommet du fort de Santa-Cruz, pour indiquer que le courrier de France était en vue.

J'avais tout de même le cœur un peu gros et aurais bien voulu avoir une lettre de ma mère avant de m'aligner.

Cotel et moi, nous retirons veste, cravate, chemise et plions le tout avec soin. Nous étions nus jusqu'à la ceinture, mais non comme un mur d'église, du moins Cotel. Un véritable musée s'offrit à mes yeux : les bras étaient couverts de cœurs enflammés, percés et repercés, de femmes, de lanciers, d'inscriptions. Sur la poitrine un vaste soleil, la croix sur le sein gauche, et enfin un immense serpent s'enroulant autour du torse, la queue finissant au cou et la tête se perdant dans la partie que nous n'avions pas mise à découvert. Toutes les étapes des nombreux remplacements !

On nous place, et le « allez, Messieurs » ne tarde pas à se faire entendre.

« A vous, jeune homme », me dit Cotel. On se serait cru à Fontenoy. Puis tous les cœurs et lanciers s'élèvent pour me porter un coup de tête. Je pare et riposte; un coup de bande-role coupe le serpent en deux.

Nous avançons l'un vers l'autre et là, les talons sur la même ligne, après avoir passé le sabre dans la main gauche, nous nous tendons la main. — Tableau.

Cotel lave sa plaie à la pompe; on applique dessus toutes les toiles d'araignées trouvées dans l'écurie; on la bande avec la ceinture rouge. Combattants et témoins prennent le chemin de la cantine où mes mandats futurs sur la poste sont singulièrement écornés.

Au prêt, on me retenait 25 cent., prix du

coup de meule donné à mon sabre, puis, cinq jours après, encore 25 cent. pour le remettre en état.

Un mot sur l'excellente bête qui a été cause de mon aventure.

LA MEULE

En 1853, le magasin à fourrages de la garnison d'Oran se trouvait au village arabe de Kargentuah, à moitié route du quartier de cavalerie de la mosquée et de la porte de la ville. Un peloton du 2ᵉ chasseurs d'Afrique y montait la garde, excepté le samedi où il était remplacé par l'artillerie ou le train.

Lorsque, à quatre heures du soir, la troupe passait devant le poste pour aller défiler la parade sur la place d'armes, un petit chien jaune quittait la guérite du factionnaire, où il avait l'habitude de s'installer, emboitait le pas au trompette, puis revenait avec la garde montante, pour qui il était toujours une connaissance caressée et aimée.

La *Meule,* c'était le nom que les chasseurs lui avaient donné à cause de son séjour de prédilection, n'était pas beau, n'avait rien de remarquable sous le rapport de la race, mais possédait toutes les qualités de l'instinct, du cœur, de la reconnaissance.

Dans la journée, il lézardait près de la guérite, assistait flegmatiquement au relèvement du factionnaire. A la tombée de la nuit, quand les brigadiers allaient placer les sept sentinelles, la *Meule* se secouait, commençait son rôle de surveillance, de gardien vigilant.

Le magasin à fourrages s'étendait, vers la mer, dans un ravin où passait un chemin mal entretenu. Il y avait, de ce côté, des broussailles, des cactus, des jardins de Maltais. C'est ce qui expliquait la quantité de factionnaires dans un endroit où des crimes avaient été commis, des soldats assassinés et où, souvent aussi, des tentatives d'incendie avaient eu lieu.

Pendant la nuit, la *Meule* faisait une ronde permanente et efficace. Il allait d'une guérite à l'autre, s'assurant que la sentinelle n'était pas endormie, fouillait les buissons, le ravin. Il donnait la confiance aux vieux soldats d'Isly et de la Tafna, gênait singulièrement les rôdeurs et les Arabes.

Le matin, il trouvait au poste son quart de

Il s'assurait que la sentinelle n'était pas endormie. (Page 56.)

café, que les hommes avaient prélevé sur leur ration, puis reprenait sa place devant la guérite sans s'occuper des passants.

Lors du départ pour la Crimée, il y a eu une grande émotion dans le régiment. On ne voulait pas laisser la *Meule* au dépôt ; chaque escadron tenait à l'embarquer. La question fut portée devant le colonel ; il fut décidé que le brave petit chien ferait partie de l'état-major. Autant que nous pouvons nous en rappeler, cette mesure a eu les honneurs de la décision du rapport.

Sur le plateau de Chersonèse, la *Meule* n'a jamais fait de jaloux. Il prenait son café dans une tente, ses repas dans une autre, suivant le front de bandière. Jamais il ne s'est trompé et a toujours trouvé boisson et nourriture à la tribu où il allait.

Pendant l'hiver de 1855, on lui avait préparé un lit avec des couvertes. Il préféra le feu de la garde de police et la conversation des hommes de service.

Il faisait partie du 2ᵉ chasseurs d'Afrique et, quand on partait en reconnaissance, on lui mettait un biscuit dans une petite besace qu'il portait crânement.

Après la paix, de retour à Oran, la *Meule* a repris son poste au magasin à fourrages et recommencé ses rondes, comme si rien ne s'était passé d'extraordinaire.

Puis, on est parti pour le Maroc. Les rhumatismes ont commencé à se faire sentir. Dans les marches, il a déserté le peloton des trompettes; on le trouvait quelquefois à l'arrière-garde. Quand on s'apercevait qu'il était fatigué, qu'il ne pouvait plus suivre, un cavalier le prenait sur le devant de la selle. Au bivouac, on le frictionnait, le choyait. Un jour de pluie, on a dû le mettre sur le fourgon des bagages, et il est mort.

LE CHOLÉRA

Oran avait la visite assez fréquente du choléra ; j'en ai vu quelques-uns dans ma carrière militaire et n'oublierai jamais celui de 1854.

Au moment de la déclaration de guerre à la Russie, le 2e chasseurs d'Afrique reçoit l'ordre de se tenir prêt à s'embarquer pour l'Orient. Le colonel s'occupe de suite des mutations indispensables pour emmener des chevaux et des hommes en état de faire campagne. La tâche était facile. Malgré cela, chaque matin, il voyait un escadron. Un samedi, comme il passait la revue des chevaux à poil du régiment, un planton arrive au galop, lui remet une dépêche du général Pélissier qui commandait alors la province.

Le colonel prend connaissance du pli et, sans laisser paraître la moindre émotion, donne l'ordre de faire rentrer les chevaux, d'envoyer immédiatement l'adjudant-major chez lui ; il quitte le quartier. Tout le monde ressent comme une violente commotion. Les nouvelles ne devaient pas être bonnes. En effet, le 2ᵉ chasseurs d'Afrique ne partait pas pour la Crimée; le 4ᵉ de l'arme, à la suite d'influences extraordinaires, s'embarquait à sa place.

Une heure après, l'ordonnance du colonel court à la recherche du docteur, annonce que le commandant du régiment est à toute extrémité. Les conjectures font leur chemin; la consternation se répand dans les chambrées. A midi, le colonel Rame, bâti à sable et à chaux, était enlevé par le choléra, qui lui avait réservé sa première visite.

La deuxième victime fut un brigadier nommé Lempereur; huit de ses camarades le suivirent en deux heures; le soir on comptait plus de trente décès.

On avait renoncé à se servir des brancards. Les prolonges passaient devant les chambres; on y plaçait les malades, que l'on transportait à l'hôpital et que l'on ne devait plus revoir. Dans un peloton de vingt-quatre hommes, onze sont enlevés dans la même nuit. Je l'ai échappé belle!

Les infirmiers ne tardent pas à être victimes du fléau; il faut immédiatement les remplacer. Le général Pélissier n'y va pas par quatre chemins. Il fait sortir du fort l'Hamoun les hommes condamnés aux travaux, leur accorde des rations extraordinaires d'eau-de-vie, de vin, de vivres, leur promet la grâce à la fin de l'épidémie. Nous avons vu ces vigoureux gaillards se faire, par leur dévouement, une virginité d'honneur. Ils prenaient les malades à bras le corps, les forçaient à marcher, puis les frictionnaient, les soignaient, faisaient tout pour les sauver.

Chaque jour, le général Pélissier venait à l'hôpital avec son état-major, les colonels, les chefs de service. Il passait dans les salles, s'arrêtait au lit de chacun et, avec son *amabilité* bien connue, cherchait à relever le moral des uns et des autres. Au zouave, il parlait de son fusil, au cavalier de son cheval, engageait ces malheureux à se guérir au plus vite pour suivre le régiment, qui allait partir en expédition.

Un soir qu'il y avait recrudescence de mortalité, ce que l'on savait toujours malgré les précautions prises pour cacher la triste réalité, le découragement commence à gagner la garnison. Pélissier arrive de mauvaise humeur, bouscule tout le monde, et, dans la grande salle qui donnait sur la mer, apostrophe un malheureux chasseur ayant à peine la force de lui répondre.

— Tu as peur parce que ton camarade de lit est mort. Qu'est-ce que cela prouve ? Je te donne un congé de six mois et tu iras porter de mes nouvelles à ta famille. C'est entendu. Tu auras ta feuille de route demain pour partir par le premier courrier.

Un des condamnés, qui faisait fonction de caporal infirmier, se permet de marmotter entre ses dents.

— Qu'est-ce que tu chantes ?

— Mon général, on ne peut pas faire sortir de la tête de ces animaux-là que le choléra est contagieux. Dès qu'un lascar passe l'arme à gauche, ils s'imaginent que leur tour est arrivé d'aller au champ de tabac.

— Voyons, docteur, dites-leur donc qu'il n'y a rien à craindre.

Cinq jours après, on rentrait à Oran. (Page 68.)

— Mais, mon général, je vais leur prouver que ce sont des imbéciles.

Et le docteur jette sa tunique sur le lit, prend la chemise d'un homme qui venait d'entreprendre le grand voyage, la passe et se rhabille. En lui serrant la main, le futur duc de Malakoff, la gorge serrée par l'émotion, eut toutes les peines du monde à lui dire : « Je n'aurais jamais fait cela. » Mais on avait alors tellement conscience du devoir, que personne ne songea à mettre cette action sur le compte de l'héroïsme. Quand on en parlait au docteur, il la confondait avec un acte ordinaire de sa vie, une visite à l'infirmerie des hommes.

Lorsque nous nous arrêtons, au Louvre, dans la salle des Cheminées devant le tableau du baron Gros, représentant Bonaparte visitant les pestiférés de Jaffa, nous nous rappelons la scène que nous venons de raconter ; nous nous demandons si elle ne devrait pas être reproduite pour orner les salles d'honneur de nos hôpitaux militaires.

Deux jours après, le général Pélissier faisait afficher sur les murs des casernes et des quar-

tiers une proclamation dans laquelle il annonçait que nous allions tomber sur les Arabes
comme des sauterelles, pour leur apprendre à
se réunir près d'un marabout où l'idée pourrait leur venir d'organiser un soulèvement.

Toute la garnison d'Oran prend les armes.
Fantassins, cavaliers, bombardiers, sapeurs, se
mettent en route, marchent pendant deux
jours, arrivent au marabout en question où les
Arabes offrent une diffa, et la fête dure vingt-
quatre heures.

Cinq jours après, on rentrait à Oran. Le choléra, vexé d'être ainsi délaissé, s'était embarqué
à Mers-el-Kébir pour visiter l'Espagne.

Le général Pélissier riait dans sa barbe du
tour qu'il lui avait joué en organisant une colonne pour réprimer un soulèvement qui n'avait
jamais existé que dans son imagination toujours
prompte à saisir les moyens propres à assurer
la santé des hommes, à relever leur moral, à
maintenir les effectifs dans un état capable de
faire face à toutes les éventualités.

Quant au docteur, nous l'avons retrouvé
bibliothécaire dans un grand hôpital de Paris,

où jamais personne n'a eu connaissance de sa belle conduite pendant cette terrible épidémie de 1854.

UNE RÉCEPTION A MOSTAGANEM

Si l'Afrique était heureuse alors, c'était en 1854, le 2ᵉ chasseurs d'Afrique n'était pas content. Le 4ᵉ lui avait coupé l'herbe sous le pied, s'était embarqué à sa place pour l'Orient. Pendant que l'on rongeait son frein à Oran et autres lieux de la province, l'ordre est donné à un escadron de se mettre immédiatement en route pour aller, à Mostaganem, prendre la place des heureux, filant, toutes voiles déployées, vers Sébastopol. On passe à Saint-Cloud, à Arzew, à la Machta pour arriver enfin dans la ville où nous étions appelés à tenir garnison.

Le lieutenant-colonel du 4ᵉ chasseurs d'Afrique avait mis tout le monde sur pied pour venir au-devant de nous ; la rencontre a lieu à Mazagran. Pendant cette route, les souvenirs glorieux de la conquête ne manquaient pas ; à chaque pas, on trouvait des traces du dévouement des soldats de la première heure dans la province qui

a toujours passé pour la plus belliqueuse. Le
général Desmichels s'était emparé, autrefois, du
Port-aux-Poules près de la Machta ; nous n'a-
vons pu que constater, depuis, la disparition de
la volaille sur notre passage où les villages étaient
abandonnés par les colons, qui avaient cédé la
place aux chacals et aux rats. La colonisation
ne brillait pas de ce côté, à l'époque dont on
parle ; on campe aux alentours de maisons abandonnées, sans avoir besoin de se mettre sur la
défensive. La peau de bouc remplie au départ,
le gibier et les tortues entretiennent l'ordinaire.
La colonne échappe même aux démonstrations
amies des douairs et des smalas, dont on aurait
peut-être été obligé de nourrir les enfants,
comme cela est arrivé bien souvent. A la vue
de Mazagran, je me suis souvenu de l'attaque
des trois jours qu'avait eu à supporter le bataillon d'Afrique contre dix mille Arabes ayant du
canon. Aussi, est-ce avec une grande joie que
j'ai mis le sabre à la main pour rendre hommage au courage du capitaine Lelièvre et de ses
fameux lapins, comme on disait alors. Après
trente-sept ans de distance, ces images-là

sont toujours gravées au bon endroit ; on éprouve une grande satisfaction à rappeler les émotions qu'elles ont causées au temps de la jeunesse.

Je m'écarte de mon sujet auquel je reviens au galop. Le soir, réception sur toute la ligne ; le dépôt du 4ᵉ chasseurs d'Afrique et l'escadron du 2ᵉ fraternisent dans les grands prix. Nos camarades avaient tenu à faire les choses militairement ; à l'heure actuelle, je rends encore hommage à la manière gracieuse dont ils ont accueilli ceux que l'on appelait les *déshérités* d'Oran à cause du contre-ordre dont nous avions été victimes au début la guerre de Crimée.

En sortant de la pension, où l'on avait fort bien dîné, porté des toasts aux nouveaux venus et réciproquement, on s'était naturellement répandu dans la ville, où tant de cigognes et de grues établissent domicile un peu partout.

La promenade s'est faite par un temps magnifique. Quelques-uns de la bande joyeuse, qui avaient la voix pleine et forte, lançaient les notes les plus graves et leurs chants ne ressemblaient en rien à ceux que l'on a l'habitude d'entendre dans le monde où l'on s'ennuie. Le refrain était vigoureusement repris en chœur, la population complètement affolée. Le commandant de place, comme cela arrive habituellement, lance une patrouille à nos trousses. Il ne choisit pas des chasseurs d'Afrique, mais des turcos. Il n'y a pas à plaisanter avec les fils du prophète, qui ne connaissent que la consigne, tapent dans le tas, sans se préoccuper des conséquences de leur manière d'exécuter les ordres donnés. Ils nous serrent de près, vont nous prendre. Puis, nous disparaissons à leurs yeux comme par enchantement. Aucune trappe ne s'était ouverte sous nos pas, au contraire ; on se fait la courte échelle, on s'accroche les uns après les autres pour escalader une maison arabe. Arrivé sur la terrasse, on tire des plans pour sortir par la rue opposée, dépister la patrouille, rentrer au plus vite au quartier. Une porte est ouverte ; on soulève le rideau et nous nous trouvons, *admirante visu*, dans l'appartement d'une jeune fille qui, à la vue de cette invasion de nouveaux Barbares, pousse des cris à fendre l'âme. On la rassure bien vite ; nous la quittons respectueusement, lui donnant l'assurance qu'elle n'a rien à craindre pour la lampe que l'un de nous emporte afin de nous guider dans le labyrinthe bien plus dangereux que celui du jardin des Hespérides.

Cinq minutes après, nous dormions du sommeil du juste, d'un œil seulement, attendant le contre-appel. Stupéfaction générale du commandant de place qui, averti de notre escalade, était venu lui-même réveiller l'adjudant-major. Il ne manquait personne.

Le lendemain, au réveil, tous les officiers sont au quartier ; l'enquête commence. Il n'est question que de conseil de guerre, de cassation et du reste. On veut savoir quels sont les sous-officiers, les brigadiers qui ont violé le domicile d'un chef arabe très influent, causé une si grande frayeur à sa fille, la belle Fatma.

Des menaces, on passe à la persuasion sans que l'autorité puisse rien obtenir. On nous consigne jusqu'à nouvel ordre ; l'affaire allait prendre des proportions assez désagréables, lorsque la Providence est venue à notre secours. On signale la présence d'un marabout jouis-

sant d'une grande autorité parmi ses coreligion-
naires, qu'il réunissait non loin d'un blockhaus
occupé par un détachement du bataillon. On
monte à cheval pour rester en plaine une quin-
zaine de jours et, à notre retour, l'escadron
quitte Mostaganem pour Tlemcen.

Les purs d'aujourd'hui, ceux qui ne se rappellent pas ce qu'ils ont fait dans leur jeunesse,
ne manqueront pas de crier au scandale, à l'indiscipline, de dire que c'est avec de pareilles
mœurs que les armées se font battre, compro-
mettent la sécurité du pays, etc., etc. Halte-là !
mes beaux messieurs, cette armée a pris Sébastopol, vaincu à Magenta et Solférino, a été
brillante au Mexique et, à Sedan comme à Metz,
n'a succombé que sous le nombre de l'ennemi. Il
y avait en elle quelque chose qui faisait sa force,
la solidarité que l'avancement sur toute l'arme
a quelque peu détruite dans les régiments que
l'officier ne considère plus que comme un lieu
de passage, où il n'a pas le temps de se faire
connaître et apprécier par ses inférieurs. L'uniforme était respecté partout et, après une mauvaise nuit, comme celle dont il vient d'être parlé,

on était toujours frais et dispos pour monter à cheval et se mettre en route. A vingt ans, il est bien permis de casser sa longe, de prendre ses ébats comme un poulain en liberté. Pourvu que l'on ne manque jamais à l'honneur, que l'on ait toujours ses hommes dans la main, on peut bien, de temps en temps, quand des circonstances exceptionnelles se présentent, lorsque l'on trouve que l'herbe est bien tendre, sé laisser entrainer à quelques escapades, dont on est appelé, évidemment, à supporter les conséquences.

Les déceptions ne rendaient ni froids, ni égoïstes, et il serait à souhaiter que nos successeurs fussent aussi d'Artagnan qu'on l'était alors.

Au temps dont je parle, il n'y avait pas encore dans le régiment le mauvais soldat qui se fait maintenant le correspondant des journaux pour déblatérer sur ses chefs et porter un coup, plus terrible qu'on ne peut le supposer, à l'esprit militaire de la nation.

Les turcos n'ont jamais été contents de nous avoir manqués cette nuit-là. Je vois encore la tête de la fille de l'Arabe quand B...., qui a pris plus tard sa retraite comme officier supérieur,

lui disait : « Calmez-vous, Mademoiselle ; nous
ne vous demandons que le chemin pour nous
permettre de nous retirer. » J'ai vu le moment
où, nouvel Othello, il allait étouffer cette Des-
démone de circonstance, non par jalousie, mais
pour l'empêcher de crier. Il avait déjà brandi un
coussin au-dessus de sa tête, lorsque nous avons
pu dégringoler quelques marches et ouvrir la
porte.

Un *mercanti* nous avait reconnus et n'a pas
voulu nous dénoncer à la police, malgré toutes
les menaces qu'on lui faisait chaque jour. Cela
m'amène à dire quelques mots de ces honorables
commerçants de l'Algérie.

LES MERCANTIS

Lorsque j'occupais la haute position de brigadier à Oran, le quartier de cavalerie de la Mosquée ne possédait ni fontaine ni abreuvoir. Les auges se trouvaient en face du corps de garde. C'était donc en dehors des baraques que les chevaux se désaltéraient, que les hommes allaient chercher l'eau qui leur était nécessaire.

Il y avait un va-et-vient continuel vers les deux robinets chargés d'apaiser la soif du régiment. Les cavaliers, quand ils se rendaient de ce côté-là, poussaient ordinairement un peu plus loin pour prendre, chez l'épicier du coin et ses honorables concurrents, les provisions nécessaires à la tribu, café, sucre, vin, chandelles, cigares, blanc, pain, tabac, etc.

Un adjudant-major — il était au 2ᵉ chasse-marée depuis la création — ne plaisantait pas avec la consigne qui défendait aux hommes de s'écarter des auges pour aller chercher du vin, causer avec quelque Rebecca, chez les Espagnols, les Maltais, les mercantis de toute provenance installés aux environs du quartier.

Le maréchal des logis de garde fermait souvent l'œil, mais le capitaine l'avait toujours grand ouvert. Son bonheur était de pincer un délinquant.

— D'où viens-tu avec tes bidons?

— De chercher de l'eau, mon capitaine.

— Eh bien, tu n'as pas de chance. Ton eau s'est changée en vin et tu vas me faire le plaisir de déposer tes bidons au corps de garde.

On s'exécutait; il le fallait bien, pour ne pas porter atteinte à la discipline, qui fait la force principale des armées.

Mais bientôt se produisait un autre miracle encore plus surprenant que le premier.

Le chasseur arrivait au poste avec deux bidons remplis d'eau, les faisait permuter avec ceux mis en fourrière et s'en allait rejoindre les camarades, peu habitués à s'humecter les lèvres et le gosier avec un liquide incolore et sans saveur.

A l'appel du soir, le capitaine, quand il y

pensait, donnait l'ordre de jeter le breuvage confisqué, ce que l'on faisait à quelque distance, et tout le monde était content.

J'ai entendu dire que le *mercanti* des beaux jours, l'homme-providence, avait disparu de l'Algérie. C'était un bon type ; j'en ai conservé des souvenirs agréables.

A deux pas du quartier de Tlemcen, il y en avait un qui jouissait d'une grande réputation dans la garnison. Comme colon, il avait trouvé que la terre était trop basse et pris peu de goût à défricher des palmiers nains et du brûle-capote. Il s'était mis à vendre la goutte au Méchouar et pendant le repos des exercices. Bientôt, on l'avait vu s'installer dans une petite boutique, ornée d'une ou deux caisses d'oranges, d'un panier de figues, avec une pièce de vin espagnol dans un coin, un pain de sucre sur le comptoir, quelques bouteilles d'eau-de-vie sur une étagère.

L'établissement ne tarda pas à être très fréquenté, d'autant plus fréquenté qu'on y faisait crédit. Les brigadiers d'ordinaire l'honorèrent de leur pratique ; la maison devint prospère.

Les denrées coloniales et les liqueurs superfines ne manquèrent pas dans la boutique de Guignol, nom sous lequel était connu le fournisseur du quartier.

Le bonhomme avait une drôle de tête, toujours coiffée d'un bonnet de coton bleu. Un œil regardait le Maroc tandis que l'autre cherchait Constantine ; il était de Marseille.

Quand on avait besoin de quelque argent, on ne lui faisait pas l'injure de s'adresser à un autre. Il levait les bras au ciel, jurait ses grands dieux qu'il n'y avait pas un sou à la maison. Puis, il consentait à avancer pour six ou sept francs de marchandise et les quatre ou trois francs de monnaie qui lui restaient. On en était quitte pour lui signer un bon de dix francs, qu'on lui payait le jour où le vaguemestre distribuait l'argent des mandats.

On ne lui en voulait pas trop de son petit commerce, parce qu'il était le père d'Anaïs, gaillarde n'ayant du nez, de la dent et de l'œil, aucune aversion pour la culotte rouge. Elle aimait le mot pour rire, était très serviable. Tout le monde lui faisait un doigt plus ou moins allongé de cour, mais il était impossible de raconter une histoire scandaleuse sur son compte. Elle acceptait une tasse de café et les accessoires dans l'arrière-boutique, restait boutonnée envers et contre tous.

Quel était ce mystère?

Un brigadier du train a vendu la mèche.

Le major du régiment, chef pas commode du tout, devant qui tous les comptables tremblaient, se servait chez Guignol; Anaïs lui portait à domicile les commandes du jour. Cette découverte nous mit sur la voie de la sévérité du commandant pour quelques-uns des militaires qui se montraient trop assidus auprès de cette déesse de la flamme de punch.

Guignol n'était pas un mauvais garçon. Il songeait à ses affaires avant tout, ne se récriait pas trop quand on lui enfonçait le bonnet de coton jusqu'au cou. Il a dû entrer haut la main dans le conseil municipal et mourir dans la peau d'un notable commerçant.

Nous lui avons joué bien des tours, mais il nous a rendu quelques services. Comme nous avons contribué à l'établissement de sa fortune,

sa mémoire n'éveille aucun remords et ma conscience est tranquille en parlant de lui.

Quel bon temps !

Comme l'Algérie doit être triste aujourd'hui
avec les bienfaits de la civilisation !

C'est dans ce pays que j'ai rencontré, pour la
première fois, le *général* qui était alors capitaine.
Ce n'était pas le premier venu. Écoutez et
jugez.

LE DUEL DU GÉNÉRAL

Gaston de Moyenville n'avait jamais été que capitaine, un vrai capitaine de cavalerie sortant de Saint-Cyr et de Saumur. On l'appelait *général* parce que la plupart de ses camarades de promotion avaient vu leurs épaulettes se consteller de deux ou de trois étoiles.

Le cœur sur la main et la tête près du bonnet, cet excellent garçon avait eu une carrière militaire des plus agitées.

Sous-lieutenant, puis lieutenant, arrivé au troisième échelon de la hiérarchie des grades subalternes après avoir roulé sa bosse dans la plupart des garnisons de France et d'Algérie, avec quelques escales de non-activité, le capitaine de Moyenville avait pris sa retraite après trente ans de service plus ou moins panachés.

Retiré à Tours, il établit immédiatement son quartier général au café de la Ville, où on le trouvait à la première et à la dernière heure.

Il vivait heureux et sans souci, voyant défiler

devant lui ses camarades d'école, se plaisant dans la société des jeunes officiers qui l'aimaient beaucoup, parce qu'il avait toujours une histoire intéressante à raconter sur le compte de tel ou tel chef ; il égayait la partie de dominos de la table du coin.

Le *général* avait un goût très prononcé pour l'absinthe, c'était son péché mignon. Il récidivait souvent vers cinq heures. Il est mort à soixante-dix ans.

Son humeur était égale avec les officiers ; un peu grincheuse, quelque peu chatouilleuse avec le civil.

Il y avait alors, à Tours, un jeune homme, ancien soldat, que le Gouvernement avait envoyé, autrefois, prendre les eaux dans un bataillon d'Afrique. Après avoir purgé sa condamnation, ce Joyeux était rentré en France pour recueillir un héritage d'une trentaine de mille francs, qu'il s'était fait un plaisir et un devoir d'entamer à belles dents.

Il avait fréquenté le café de la Ville, s'était rapproché du *général*, à qui il avait parlé d'Alger, d'Oran, etc., etc.

A propos de rien, à une partie d'écarté, — on faisait beaucoup la chouette alors, — le Joyeux fait une observation qui déplaît au *général*, fort nerveux ce soir-là. Il n'y avait pas de quoi fouetter un chat.

On discute d'abord, puis on se dispute quelque peu. Il est convenu que l'affaire aura sa solution sur le terrain. D'un commun accord, l'arme choisie est le pistolet et le rendez-vous donné pour le lendemain matin à Saint-Avertin.

Le *général* se met immédiatement en quête de témoins. Les officiers à qui il s'adresse, lui font observer que la querelle est futile, l'engagent à ne pas y donner suite, lui faisant de plus comprendre qu'il ne pouvait se mesurer avec une personne qui n'est pas de son monde. Devant son insistance, on lui parle de la manœuvre du lendemain, et ses amis invoquent la corvée d'une messe de mariage ou d'un service funèbre.

Son adversaire n'était pas capable de trouver des parrains pouvant être mis en relation avec ceux de M. le comte de Moyenville.

Tous deux font alors ce raisonnement : « Je

n'ai pas de témoins; l'autre en a trouvé évidemment; ils nous serviront pour tous deux. »

A l'heure militaire, de Moyenville débouche sur le pont de Saint-Avertin, porteur de sa boîte de pistolets. Après avoir jeté un coup d'œil sur la campagne, les routes et les chemins, s'être rendu compte que personne n'est arrivé, il se dirige vers le cabaret du village pour prendre, selon son habitude, un apéritif matinal.

Grand est son étonnement en apercevant celui avec qui il doit se battre, installé à une table chargée d'une boîte de pistolets et d'une bouteille de vin blanc. On se regarde comme des chiens de faïence. Le *général*, qui s'est fait servir et resservir, manifeste quelque peu son impatience.

— Il me semble que ces messieurs se font bien attendre? finit-il par dire.

— Je suis absolument de votre avis.

Puis les chaises se rapprochent, les verres sont posés sur la même table, et chacun finit par avouer l'embarras dans lequel il s'est trouvé, le dessein qu'il a formé.

Contre fortune il faut faire bon cœur. On

déjeune bien, très bien, et il est convenu qu'on prendra le premier train pour aller à Saumur, où le *général* connait tout le personnel de l'école de cavalerie; là, les témoins ne feront pas défaut.

Dans la ville qui renfermait alors dans ses murs le Vatican militaire, dont l'infaillibilité était reconnue par les pontifes du littéral, des préjugés et de la routine, les démarches ne sont pas plus heureuses qu'à Tours.

Crottés, fatigués, harassés, toujours porteurs de leurs boites de pistolets, ce qui les faisait prendre pour des joueurs de cornet à pistons, des artistes ambulants, dans les cafés où ils entraient, s'asseyaient, se reposaient et consommaient, les deux Tourangeaux ennemis sont obligés de quitter les établissements publics de Saumur à l'heure du couvre-feu.

Sur le pavé, ne sachant quel parti prendre, le *général* a une idée lumineuse.

— Il fait clair de lune, le magasin à fourrages est à deux pas d'ici, nous nous battrons et le factionnaire sera notre témoin.

— C'est entendu !

Qui fut dit fut fait. La sentinelle est prévenue

qu'elle va assister à un duel, non à un assassinat. On se place à vingt pas ; deux coups de feu sont échangés.

— Sapristi ! Monsieur, vous tirez bien haut, dit le *général* en ôtant son chapeau qui avait été traversé par une balle.

— Et vous bien bas, général. — La bottine avait été effleurée par le projectile.

Le lendemain, le factionnaire avait quinze jours de prison pour avoir laissé passer, à moins de trente pas du magasin à fourrages, deux bourgeois qui fumaient.

Voilà l'histoire du duel du *général*, dont on parle encore en Touraine et dans l'Anjou.

Il y avait au régiment un autre type dont il me parait intéressant de faire connaitre la physionomie.

On peut rire de ses travers et de sa présomption, dont je donne quelques échantillons, mais je n'oublierai jamais son sang-froid et son courage au milieu des dangers.

Je l'ai vu à l'œuvre en Crimée et en Italie, où il ne faisait pas bon tomber à portée de son sabre. Il était tout simplement splendide au feu.

Il y avait en lui quelque chose du reître et il a
tapé dur et ferme sur le dos des Arabes, des
Russes, des Autrichiens, des Prussiens.

LE LIEUTENANT TOURLOUZINE

Son nom était connu, en Algérie, de la plaine des Andalous aux frontières du Maroc, porté sur le livre d'or de son régiment ; il avait été cité dans toutes les expéditions.

La capitulation de Metz a mis fin à la carrière militaire de ce brave qui, à sa rentrée de captivité, a fait valoir ses droits à la retraite. Il est bientôt mort de rage et d'humiliation rentrées. Son tempérament et son coffre en auraient fait un rival de Mathusalem ; le souvenir de nos désastres l'a abattu et tué.

Il s'appelait Tourlouzine, était parti pour son sort. Après un séjour d'une semaine au dépôt de Fréjus, il avait mis le cap sur le 2ᵉ chasseurs d'Afrique, et n'avait pas tardé à se faire remarquer par son courage, sa camaraderie. Bras, tête et cœur, tout était soldat en lui.

Lors de la déclaration de guerre avec la Russie, il était maréchal des logis et avait cinq médailles de sauvetage. Les Maltais de Mostaganem auraient refusé de manger une sardine, de boire un verre d'anisette de figues plutôt que de reconnaître que le maréchal des logis Tourlouzine n'était pas le plus brave de tous les guerriers de la colonie.

A la pension, il était respecté aussi bien des anciens que des blancs-becs, écouté des *roumi* qui arrivaient de France. Aimé des belles, il préférait Bellone à Vénus, n'avait aucune idée arrêtée sur les avantages de la brune ou de la blonde.

Tourlouzine n'avait qu'une instruction des plus primaires, mais il avait la rage de parler à tort et à travers, de dire son opinion sur des choses dont il n'avait aucune idée, de se croire, en un mot, un malin au point de vue de la science.

Nommé sous-lieutenant, il s'embarque avec son régiment pour la Crimée. Le bateau fait escale à Malte. Les officiers descendent à terre, visitent la ville, les arsenaux. Les Anglais leur donnent de « la Marseillaise » à volonté, des déjeuners, des dîners, des soupers et le reste, tant que leur tempérament leur permet de supporter ces agapes et ces plaisirs.

Comme les autres, Tourlouzine avait visité l'arsenal et avait pu se rendre compte *de visu* des transformations successives de l'art de la guerre. Un canon, fait de ciment et de corde, ayant servi aux Turcs pendant le siège de Rhodes, avait attiré son attention. De peur d'oublier les renseignements qu'on lui avait donnés sur cet engin, il les avait notés sur son calepin.

On n'avait pas encore fini de lever l'ancre qu'il racontait sérieusement, avec conviction, que l'invention de la poudre remontait à une époque beaucoup plus reculée que le commun des mortels semblait le croire. La preuve, c'est qu'il avait vu, de ses yeux vu, un canon datant du roi *Hérode*. Il avait confondu le nom de l'exterminateur des Innocents avec celui de l'île de Rhodes. Il ne sortait pas de Saint-Cyr ; là était son excuse.

Pendant cette traversée, son capitaine lui avait montré, dans la mer Noire, le *Considérant*, poisson commun dans ces parages, le seul ayant un œil au bout de la queue. Il se serait fait couper les moustaches, qui avaient la longueur du *Moniteur de l'Armée* déployé, plutôt que de convenir que cet animal aquatique n'existait pas.

En Crimée, le général, qui l'aimait beaucoup, lui avait fait verser 50 centimes pour la réparation d'une arche du Pont-Euxin, rompue sous les pas d'un régiment de ligne arrivant d'Angers.

Ses camarades ne manquaient pas une occasion de mettre sa présomption et sa suffisance à l'épreuve. Nous avons été témoins de la scène que l'on va raconter.

On était un peu las de tous ses récits de Crimée. Un jour, il est décidé qu'on lui montera une bourde de première classe pour se rendre compte du degré de sa naïveté, afin de savoir jusqu'où peut aller sa manie de prendre pour de l'argent comptant tout ce qu'il entend dire.

A une promenade générale des chevaux, le capitaine de semaine fait passer en tête de la colonne les officiers des escadrons, parmi lesquels se trouvait Touriouzine. On cause de chasses, de chevaux, de femmes.

— A propos, dit le lieutenant du 5ᵉ escadron, j'ai reçu une lettre de Bacdesé, l'ancien adjudant qui, pendant que nous étions en Crimée, est passé sous-lieutenant au 4ᵉ chasseurs d'Afrique.

L'officier d'état-major énumère toutes les qualités de Bacdesé. « C'est une honte, ajoute-t-il, de ne pas avoir récompensé ce brave comme il le méritait. C'est le plus ancien soldat des quatre parties du monde et je suis en train de rédiger, en ce moment, un rapport pour le gouverneur sur les antécédents de celui dont vous connaissez tous l'histoire. A ce propos, mon capitaine, je vous demanderai la permission de la journée de demain pour compléter mes renseignements sur les fouilles de Lambessa.

Tout le monde se regarde ; on devine l'anguille sous roche ; Tourlouzine est tout oreilles.

« Quelle singulière destinée ! ajoute l'officier porteur d'aiguillettes. Avoir servi dans une cohorte au temps de Néron, avoir été enfoui en faisant un service commandé, sous les ruines de Lambessa, retrouvé par un miracle dont je ne me rends pas bien encore compte et que j'éclaircirai, et être aujourd'hui sous-lieutenant de chasseurs d'Afrique ! Je ne veux pas passer encore pour un mécontent, mais il est bien permis de dire, en cette circonstance, que l'avancement a été, est et sera toujours enrayé par l'intrigue et la protection. »

Nous ne savons si Edmond About connaissait cette farce régimentaire, lorsqu'il a fait l'*Homme à l'oreille cassée ;* nous en garantissons l'authenticité.

Le lieutenant Tourlouzine était tombé dans le pont et, les jours de réception, ne manquait jamais de prendre un invité pour lui faire porter la giberne avec l'histoire de Bacdesé.

Un jour, on parlait de razzia à la pension ; le mot oasis était venu dans la conversation. Les uns assuraient que ce substantif était masculin, les autres féminin.

— Assez de discussion, dit le président de la table, qui, à cette époque, était écouté. Établissez un pari et on va aller chercher le dictionnaire. Garçon, quatre bouteilles de bordeaux.

— Quatre bouteilles de plus ! dit, quelques minutes après, Tourlouzine revenant l'index engagé dans le milieu du dictionnaire. Oasis n'est pas français.

Le malheureux avait cherché à la lettre H.

Si Tourlouzine n'était pas mort, il expliquerait certainement aujourd'hui le mécanisme de l'emprunt par adjudication et beaucoup d'autres choses encore.

Mais quel brave soldat, quel excellent camarade!

CHAPITRE III

CRIMÉE

D'Oran à Sébastopol. — La Tchernaïa et Baidar. — Sidi. — Toff. —
Le 18 décembre 1855.

D'ORAN A SÉBASTOPOL

J'ai marqué d'un caillou blanc le jour où
l'*Emma-Jane*, trois-mâts américain, a embarqué mon escadron à Mers-el-Kébir pour nous
transporter en Orient. La traversée a duré cinquante-trois jours.

Sous le rapport des dangers et des tribulations, ce voyage n'a rien de commun avec celui
du jeune Anacharsis en Grèce. Depuis, je me
suis demandé bien souvent par quel miracle
nous avons pu sortir de la galère qui nous conduisait sous les murs de Sébastopol.

Le coffre était bon ; les préoccupations de l'avenir ne nous assiégeaient pas. Il suffisait d'une brise du soir, d'un rayon de soleil, des chants du gaillard d'avant, pour calmer nos impatiences et nous faire prendre philosophiquement la vie comme elle venait.

Deux fois, nous avons eu de vraies émotions et cru que nous ne verrions jamais la Crimée. Comme on regrettait alors la bonne ville d'Oran, les palmiers de Laghouat, la mosquée de Tlemcen, la solidité du plancher des vaches et le reste !

Nous venions de doubler le cap Matapan, de recevoir la bénédiction du bon ermite, qui passait son temps à étendre le bras sur tous les navires en vue de la côte. Il n'avait certainement jamais assisté à pareille procession et, entre nous, ne devait pas être fâché d'un spectacle qui rompait la monotonie de sa solitude et de ses prières.

Après avoir donné la botte aux chevaux, chacun s'était étendu sur la couverture, plein de confiance dans la journée du lendemain pour rattraper, avec un bon vent d'arrière, le temps que le calme s'acharnait à nous faire perdre depuis le départ. Au milieu de la nuit, tout craque dans la maison flottante, qui perd son équilibre. Le branle-bas se fait sur le pont, dont on nous interdit l'accès. Les chevaux sont projetés les uns sur les autres, l'affolement est général ; il y avait de quoi. On entend des coups de hache répétés, des commandements faits d'une voix stridente. Notre dernière heure allait évidemment sonner et il était grand temps de se préparer à entreprendre honorablement le grand voyage vers l'éternité.

Les chevaux cherchaient à ne pas tomber, hennissaient ; on marchait sur l'un pour retomber sur l'autre. Au milieu de ce vacarme infernal, alors que plus d'un de nous faisait son acte de contrition, on entend Barbarin, cavalier de 2ᵉ classe, attaquer le grand air de la *Dame Blanche*, et tout le monde d'accompagner le refrain : « Ah ! quel plaisir d'être soldat ! » La corde gaie ne perdait pas ses droits. Je murmurais bien bas le *Domino Noir* : « Ah ! quelle nuit, Dieu, quelle nuit ! »

Puis le calme semble se faire en haut et le navire reprendre un peu d'aplomb.

A la pointe du jour, nous apprenons enfin la cause de la manœuvre qui nous avait tant intrigués et causé une véritable peur. L'*Emma-Jane* avait été abordée par un autre navire.

La journée s'est passée à remettre un peu d'ordre dans l'entre-pont, à replacer les chevaux, à consolider leurs attaches. Puis, tout le monde s'étant bien tâté, on a constaté que personne n'avait été endommagé, que le détachement avait encore quelque chance d'arriver sain et sauf sous les murs de Sébastopol.

La seconde et grosse émotion a eu lieu dans la mer Noire, pendant une tempête épouvantable, une tempête de première classe. Le navire est enlevé sur une montagne de vagues et pique ensuite une tête dans la profondeur des eaux. Ce balancement, rappelant celui des montagnes russes, dure environ huit heures. Les tonneaux, les cordages, les chaines roulent sur le pont et, au-dessous, les chevaux recommencent le sabbat du cap Matapan. Il ne faut pas penser à faire la soupe. Le cambusier, supposant que nous n'avions pas le pied marin, prévient, d'un air narquois, que ceux d'entre nous qui ne sont pas malades, peuvent venir à la cabine pour prendre un morceau de pain et de fromage, un quart de vin. L'escadron se lève comme un seul homme ; personne ne manque à l'appel. « Ces chasseurs d'Afrique, disait en rageant notre vivrier, n'ont rien d'humain. »

Enfin les éléments prennent de la raison ; à la tempête succède une éclaircie comme au temps de Socrate. Nous en sommes encore quittes pour la peur.

Je ferais preuve d'ingratitude si je ne parlais pas de deux braves Marseillais qui, pendant cette longue traversée, nous ont assuré le boire et le manger.

Anciens conseillers généraux après la révolution de 1848, faillis autant de fois qu'on peut l'être, ces notables commerçants avaient obtenu l'autorisation de bonder le fond de cale de l'*Emma-Jane* de toutes les marchandises qu'ils désiraient transporter en Orient pour les vendre aux armées alliées. Ils devaient, par contre, nourrir le détachement embarqué pendant toute la traversée, fût-elle de quinze jours ou de cent ans.

Ils étaient bons garçons, avaient assez soin de nous.

En nous ouvrant un crédit illimité sur notre solde de traversée, ils montraient la confiance que nous leur inspirions. Un jour la pomme de discorde tombe entre ces deux Oreste et Pylade de la Cannebière. A partir de ce moment, ils ne cessent de se dire des choses fort désagréables avec scènes de pugilat à la clef. Ils nous prennent pour confidents de leurs peines, parlent même de vengeances qui nous font dresser les cheveux sur la tête.

Nous nous attendions à un drame le jour du débarquement. Ils sont partis bras dessus bras dessous, dès qu'ils ont mis le pied sur la terre ferme, et se sont empressés de vendre leurs denrées dans les conditions suivantes : 5 fr. la livre de pommes de terre, qu'ils avaient achetée 10 centimes à Marseille ; 2 fr. une bougie. La boite de sardines valait jusqu'à 3 et 4 fr. Quant aux pâtés de foie gras, de lièvre et autres conserves, dont ils étaient richement approvisionnés, cela n'avait plus de prix. Pour eux, une terrine de 3 fr. représentait 25 fr.

Ils n'ont pas tardé à monter un magasin très achalandé à Friponville, puis un autre à Kamiesch. Quand il s'est agi de créer des municipalités dans ces oasis du plateau de Crimée, ils ont été désignés comme les négociants les plus honorables de ces localités.

Nos principales escales, pendant ce voyage, ont été Malte, les Dardanelles, Constantinople.

Pour faire de l'eau et des vivres, nous sommes restés deux jours à Malte. A la suite d'une démarche faite par les autorités militaires, il nous a été permis de descendre à terre. Les Anglais ne nous ont pas lâchés d'une minute pour nous faire les honneurs complets de la ville, que j'ai plus vue dans les cafés, restaurants et autres lieux que partout ailleurs. Il n'y avait pas moyen de résister à nos alliés, de ne pas confondre le *God save the Queen* avec la *Marseillaise*. On avait complètement l'esprit à l'envers. J'ai pourtant eu la chance de visiter l'arsenal et cela n'a pas été sans peine. J'avoue que j'ai poussé un soupir de satisfaction quand nous avons donné un coup de main au cabestan pour nous éloigner de cette cité par trop hospitalière. Il me semble, parfois, que j'ai encore du bruit de ce temps-là dans les oreilles.

L'absence des zéphyrs nous a retenus trois jours aux Dardanelles. Plus de cent navires avaient jeté l'ancre en attendant les vents propices. On allait de l'un à l'autre ; on retrouvait des amis et avait quelques nouvelles du siège. Comme la plupart des bâtiments étaient frétés à raison de tant par jour, les capitaines ne se pressaient jamais de mettre toutes les voiles dehors ; quelques-uns se faisaient remarquer par le talent avec lequel ils tiraient des bordées sans jamais faire grand chemin en avant.

Un beau matin, un croiseur de l'État est venu passer l'inspection de cette flottille, et tout le monde a dû profiter d'une brise, s'élevant à propos, pour quitter ces parages où les souvenirs de la fable et de l'histoire venaient bourdonner dans notre tête.

Quand nous sommes arrivés en vue de Stamboul, la moitié de la ville était en feu. Nous qui, depuis plus de quarante jours, naviguions sur l'onde amère, on nous débarque pour aller préserver le sérail de l'incendie. Nous avons fait notre devoir; mais, franchement, nous l'avons trouvé raide cette fois plus que jamais. Comme nous devions rester assez longtemps dans le port pour réparer les avaries du cap Matapan, il m'a été permis de visiter la ville, Sainte-Sophie, Péra, dans tous les coins et recoins. J'ai regretté plus d'une fois de ne pas être resté à bord. A chaque pas, une désillusion faisait vite oublier les descriptions classiques, et cela au milieu de l'aboiement des chiens, aussi nombreux que les fourmis, du moins approximativement.

Rien n'est plus beau que le Bosphore, c'est bien la Corne d'Or bordée de palais, de villas, agitée par les rames de mille bateaux qui se croisent et recroisent, le va-et-vient des boulevards sur la mer. L'*Emma-Jane* est entourée de marchands de fruits, de babouches, d'eau de rose, d'étoffes, etc., qui nous accompagnent jusqu'à la sortie du détroit.

Nous entrons dans la mer Noire; et, après cinquante-trois jours d'une traversée agitée, on jette enfin l'ancre dans le port de Kamiesch, où, pour nous remettre de nos fatigues, on nous fait débarquer cinq cents chevaux turcs abandonnés dans un navire où personne ne veut mettre le pied.

Quelle corvée !

On passe devant le quartier général ; Pélissier vient au-devant du régiment qu'il connaissait bien. Puis il nous engage à continuer notre chemin et à être *bien sages*. — On se remet en route et personne ne pense aux émotions et aux fatigues de la traversée. « Chasseurs d'Afrique en avant-garde ! » était toujours le refrain du régiment.

LA TCHERNAÏA ET BAÏDAR

La nature faisait craquer son corsage ver-
doyant lorsque nous sommes arrivés au camp
qu'occupaient déjà les 1ᵉʳ et 4ᵉ chasseurs d'A-
frique et la brigade de dragons. Sur le coteau,
les cuirassiers regardaient, comme les vieillards
de Faust, couler la rivière où la cavalerie, deux
fois par jour, lorsqu'elle allait à l'abreuvoir,
était saluée par les deux batteries russes du plateau de Mackensie.

Les piquets des cordes et des tentes sont
bientôt plantés ; immédiatement nous recevons
l'ordre de transporter nos pénates dans un
autre endroit. Nous campions sur un terrain
fraîchement remué où reposaient, au son du
canon, les victimes du choléra.

Deux heures après, nous étions installés au
milieu des vignes. Les chevaux entravés et des-
sellés, les faisceaux formés et les marmites sur
le feu, on allait enfin pouvoir jouir du panorama

magnifique qui se déroulait devant nous, apprécier la distance du tir de l'ennemi. Le général passe dans le camp, trouve que le meilleur moyen de nous dégourdir, à la suite d'une traversée aussi longue, est de nous envoyer en grand'garde le soir même. C'était le cas ou jamais de dire : « Aussitôt pris, aussitôt pendu. » On a activé le feu de la soupe, et notre première nuit, en Crimée, se passe aux avant-postes.

Il faisait clair de lune. Les vedettes russes étaient à deux cents pas de notre ligne. La consigne recommandait d'observer, rien de plus. Il est probable que les cosaques avaient reçu les mêmes recommandations, puisque nous n'avons eu aucun incident à relater dans ce service de vingt-quatre heures.

Quel splendide bivouac que celui de la Tchernaïa ! L'armée alliée occupait la rive gauche que commandaient les deux batteries russes qui, à cette distance, ne nous inquiétaient guère et que l'on avait baptisées : *Bilboquet* et *Gringalet*. Pour un cavalier conduisant son cheval à l'abreuvoir, un homme lavant son linge, l'une et l'autre nous honoraient de quatre ou cinq coups de canon, comme si l'ennemi tenait à prouver qu'il y avait là-haut de la poudre à jeter aux cailles de la vallée.

On ne tarda pas à porter la hache et la faucille dans les bois environnants pour construire des gabions d'abord, puis des gourbis, abris de feuillage où l'on évitait, autant que possible, les rayons d'un soleil marquant généralement 30 degrés. Le rideau de verdure qui nous entourait, disparaissait de jour en jour. Bientôt on en fut réduit à arracher les souches de vigne pour faire la cuisine, et ce paradis se changea rapidement en ruines. L'administration faisait cependant les distributions régulièrement ; les mercantis des environs étaient d'une grande ressource pour agrémenter notre ordinaire. Je faisais partie d'une tribu débrouillarde, connue pour la manière dont on y vivait. Grâce aux talents culinaires du vieux Wolf, aux ressources que se procurait Agnus dans ses expéditions nocturnes vers le troupeau, à mes mandats, nous n'avons jamais manqué de rien.

Le système de la tribu est le seul qui puisse permettre aux troupes de subsister en campagne.

Cette association de cinq ou six cavaliers mettant tout en commun, s'aidant, sentant le contact des coudes et des cœurs, vaut mieux que l'application des belles théories sur l'alimentation du soldat, sur la conservation des intervalles et des distances. Pendant ma carrière militaire, je n'ai jamais vu un homme laissé en plan par ses camarades de la tribu et j'ai constaté que, là où ce système n'existait pas, bien des défaillances ont eu lieu.

Moi, pierrot, *roumi*, j'ai été choyé par les vieux soldats du 2ᵉ chasseurs d'Afrique, qui faisaient mon lit, astiquaient mes effets, allaient au vert pour mon cheval et ne demandaient en échange de tous ces services, qu'un peu de bonne volonté de ma part dans les travaux de notre association où j'étais bon, tout au plus, à aller chercher l'eau pour la soupe en descendant de cheval, mais toujours prêt à prendre la défense de mes bons et braves camarades, comptant au moins chacun, campagnes comprises, 40 ans de service.

Le 15 août 1855, la fête de l'empereur avait été célébrée avec pompe et enthousiasme dans

tous les camps. Les Russes n'étaient pas assez
bêtes pour ne pas profiter de cette occasion. A
trois heures du matin, ils nous tombent sur les
reins. Ils arrivent jusqu'au camp des zouaves
pendant que ces gredins de *Bilboquet* et de
Gringalet s'époumonaient à nous cracher à la
figure d'une manière désagréable. Je vois encore
d'ici les poules de la popote du général Morris
filer à tire-d'aile et n'ai pas oublié le trou qu'un
boulet est venu faire dans la tente du colonel
Pajol, chef d'état-major.

Nous sommes à cheval en cinq minutes et
rangés en bataille vis-à-vis du pont de la Tchernaïa. Le colonel, atteint du choléra, est dans sa
tente; on laisse des hommes pour le garder, le
soigner, et, au grand étonnement de tous, on le
voit venir prendre place, une heure après, devant
le régiment. Le pinceau d'Holbein seul aurait
pu retracer cette scène. Il montait un grand
cheval anglais, portait un petit caban de flanelle
blanche. C'était la mort chevauchant devant
l'armée. Il veut mourir à la tête du régiment
et, à chaque instant, demande avec une fié-
vreuse impatience si l'on ne va pas bientôt

charger. Puis ses forces le trahissent. Le général Pélissier, qui était arrivé sur le terrain, donne l'ordre de le conduire à Kamiesch, de l'embarquer de suite pour Constantinople. Le choléra le tenait et ne l'a pas plus lâché que le brave colonel Rame.

La journée se termine à notre grande satisfaction; les Russes retournent comme ils peuvent dans leurs cantonnements. Nous soignons leurs blessés, enlevons leurs morts et leur prouvons qu'on peut se distraire le 15 et être victorieux le 16.

L'armée sarde, campée près de nous, avait une installation admirable; on prenait plaisir à fraterniser avec ces soldats qui, pendant toute la campagne, ont été, comme plus tard, en 1859, nos alliés et nos amis. Ils ont perdu beaucoup de monde par le choléra. Cela tenait à une source d'eau très fraîche qui se trouvait à proximité de leurs bivouacs et dont ils abusaient.

En souvenir de ce séjour en Crimée, ils ont donné le nom de la Tchernaïa, en Italie, à des rues, à des places, à des établissements, que l'on a retrouvés, en 1859, comme une épave du bon temps.

A la Tchernaïa, il y a eu des courses internationales comme jamais on n'en verra de semblables. Les vainqueurs ont été le capitaine Cornat, montant son cheval arabe *Pèle-en-l'air* battant les Anglais à grande distance, Artus Talon, le gentleman accompli, qui avait abandonné les délices de la capitale pour faire la campagne. Il était alors porte-fanion du général Feray.

Pendant ces courses, on avait pour musique le son du canon et l'espérance de remonter à cheval le lendemain pour rencontrer l'ennemi qui, vraiment, se concentrait trop dans les opérations du siège.

A la signature de l'armistice, un carrousel a été donné sur le plateau du monastère Saint-Georges, en présence de l'état-major russe, des armées française, anglaise, sarde, turque, carrousel suivi de courses. Artus Talon, qui les avait organisées, y a gagné son épaulette de sous-lieutenant en battant de plusieurs longueurs messieurs les Anglais.

Le maréchal Pélissier était dans la jubilation; nous croyions tous avoir remporté une victoire nouvelle. Quand on a vu la revue et ces fêtes hippiques du monastère Saint-Georges, les autres parades et courses du même genre laissent bien indifférent.

Être en détachement dans la vallée de Baïdar était fort agréable dans la belle saison, surtout quand on avait la chance de tomber d'escorte chez le général d'Autemarre que l'on accompagnait à la chasse. L'escadron qui y était détaché, avait des hommes dans tous les villages tatares dont les principaux étaient Ourkousta, Baga, etc.

Le lieutenant-colonel Lacretelle, du 19ᵉ de ligne, commandait les avant-postes. Comme il était très bien avec notre capitaine, nous avions l'avantage de faire des reconnaissances presque toutes les nuits. On rencontrait de temps en temps des postes de cosaques qui, placés pour observer et non pour combattre, se retiraient devant nous. On rapportait quelques lances, ramenait quelquefois des chevaux, mais sans jamais livrer de combat sérieux.

L'hiver était des plus durs dans cette vallée où heureusement le bois ne manquait pas. Mais quand il fallait seller les chevaux à cinq heures du matin et se mettre en route la bride au bras, on regrettait quelque peu aussi les toiles du Gouvernement garnissant le lit d'Oran.

A Ourkousta, le chef du village, sorte de maire, avait une femme que nous avions quali‑fiée du titre de préfète. Grâce à elle, son mari nous indiquait les endroits où l'on pouvait abattre un cheval sauvage, prendre un chevreuil. Les détachements n'ont eu qu'à se louer de cette dignitaire qui a appris rapidement à parler notre langue.

Dans ce bas monde, il est toujours question de la reconnaissance du cœur ; il y en a une autre qui a bien aussi son importance, c'est celle de l'estomac, à laquelle je me permets de consacrer quelques lignes dans ces souvenirs.

Pendant ma carrière, j'ai eu l'heur de servir plusieurs fois, en campagne, sous les ordres du général Pajol à qui j'adresse, ici, le respectueux hommage de ma reconnaissance. Dans toutes les circonstances, j'ai pu apprécier les brillantes qualités de commandement, d'esprit, de ce chef dont les conseils, en maintes circonstances, ont été pour moi un précieux encouragement.

J'arrive de suite à une des phases agréables de mon alimentation en Crimée.

Le général qui a porté si vertement sa vieillesse et occupé les loisirs de sa retraite à écrire des mémoires militaires, à reproduire par le marbre les grandes figures de l'Empire, était alors colonel, chef d'état-major de la division de chasseurs d'Afrique, commandée par le général Morris. Plusieurs fois, il m'a invité à dîner à sa popote ; j'étais très fier de la marque d'estime qu'il voulait bien me donner.

Je me souviens de l'embarras du sous-intendant de la division à propos d'une distribution de dons nationaux. La répartition en était faite mathématiquement dans toute l'armée. Si le problème était facile à résoudre, la solution ne répondait pas toujours au but poursuivi.

On recevait tant de sacs de julienne Chollet, tant de paquets de tabac, tant de pipes, tant de boîtes de conserves, tant de cigares, etc. On divisait le total de chaque espèce par le nombre de divisions ; la même opération avait lieu dans les divisions et ainsi de suite. Il arrivait alors, et nous répondons de l'exactitude du fait, qu'un régiment recevait 50 cigares, 10 pipes, 6 boîtes de sardines, 4 kilogr. de julienne.

Un jambon avait été destiné à la division du général Morris. Que faire ? Le sous-intendant se pose en Christophe Colomb et, à défaut de l'œuf, fait placer ledit comestible sur la table de l'état-major où j'ai le bonheur de prendre place ce jour-là. Si j'avais été commandant en chef, j'aurais immédiatement fait gravir un échelon de plus à M. l'intendant pour avoir compris la prévenance de la commission chargée de répartir lesdits dons nationaux.

En Italie, j'ai servi encore sous les ordres du général Pajol, puis à Metz. En 1870, dans son campement de Plappeville, il lui aurait été difficile de se mettre sous la dent la moindre tranche d'un jambon quelconque. Il a vécu comme tout le monde, dû penser, comme moi du reste, au bon temps de l'ordinaire de Crimée, qui n'avait rien de commun avec celui de la Maison Dorée, mais qui n'était pas non plus à dédaigner.

A Metz, en pleine France, après trois mois de guerre on manquait de tout. En Crimée, jusqu'à la fin du siège, on a vécu, approximativement, d'une manière confortable.

SIDI

Aux chasseurs d'Afrique, du moins de mon temps, le cheval avait, administrativement, un numéro matricule et pas de nom comme dans les régiments de France.

Chaque cavalier n'en baptisait pas moins sa monture avec l'aide du calendrier de Mahomet et le dictionnaire de la langue sabir. Les escadrons comptaient quantité de *Khadour*, de *Sidi*, de *Barka*, de *Bono*, de *Besef* qui ne manquaient jamais de hennir à l'appel de leurs maîtres et restaient froids devant les avances des autres chasseurs.

Je ne recommencerai pas ici l'histoire de *l'Arabe et son coursier*, ne citerai pas la charmante poésie de *la Jument de l'Arabe* et ne ferai aucun emprunt aux *Chevaux du Sahara*. Je m'étendrai encore moins sur les états de services d'une quantité de ces nobles animaux, dont la carrière a été une suite de fatigues pour assurer notre domination. Beaucoup d'entre eux auraient eu droit à des Invalides comme les chevaux de Rocroy.

Sur ce sujet, il y aurait des volumes à écrire, mille et une anecdotes à raconter.

Lorsque j'ai pris le cheval numéro matricule 2425, je l'ai appelé *Sidi* sans savoir pourquoi. Il avait alors la crinière en brosse et la queue de rat, ce qui indiquait son jeune âge. Les Arabes ont l'habitude de raser les poulains pour donner, plus tard, au cheval cette luxuriante et magnifique abondance de crins qui est le caractère de la race.

Avec lui, j'ai fait plusieurs fois la route d'Oran à Mostaganem dans une nuit; au bout des dix-huit lieues, il était aussi frais qu'au départ et prêt à recommencer, ce qui lui est arrivé quelquefois.

Sidi a pris part, comme son maître, à la campagne de Crimée. En débarquant à Kamiesch, il n'a pas été fâché, comme lui, de prendre un bain de mer après 53 jours de traversée pendant lesquels il avait bu et mangé sans avoir été bouchonné. C'est la seule fois que je lui ai vu

les boulets engorgés ; cela n'a pas duré longtemps.

Quand le régiment était campé à la Tchernaïa, notre tour de grand'garde arrivait souvent.
Avec les reconnaissances, le service des distributions, des plantons, les chevaux avaient peu
le temps de se reposer. Nos arbicos ne s'en
portaient pas plus mal et faisaient toujours
bonne mine partout où ils allaient. Un jour, le
général Morris, qui commandait notre division,
fait appeler mon capitaine, lui donne l'ordre de
pousser en avant jusqu'à ce qu'il rencontre un
corps russe signalé comme arrivant au secours
de Sébastopol. Les reconnaissances d'officiers,
les raids de cavalerie, n'étaient pas encore
inventés. Il fallait partir avec l'escadron, les
trompettes sonnant la marche, se conformer en
tout point au règlement, appliquer les principes
immuables donnés à Saumur où il était beaucoup plus question des Mèdes et des Parthes
que des Cosaques, des Allemands, des Autrichiens.

Le capitaine Cornat se permet une observation qui est immédiatement goûtée par le colo-

nel Pajol, chef d'état-major. Il demande à partir avec un ou deux officiers, autant de sous-officiers et de brigadiers bien montés ; il affirme qu'il remplira mieux sa mission avec ce faible détachement qu'avec 120 ou 130 hommes. C'était une hérésie. L'idée n'en parut pas moins originale et on tenta l'expérience.

Grâce à *Sidi*, je fus choisi pour faire partie de cette reconnaissance. Il était assez difficile de s'orienter dans le pays inconnu que nous traversions ; mais il fallait trouver l'ennemi quand même, et nous marchions toujours. Les rênes sur l'encolure, mon cheval descendait dans les ravins, grimpait sur les rochers, évitait un fossé, sautait une broussaille et ne faisait jamais un faux pas. Une poignée d'orge, un morceau de biscuit, lui rappelaient de temps en temps, à la halte, que je ne l'oubliais pas ; puis nous repartions contents l'un de l'autre, de bonne humeur.

Après six heures de marche dans des chemins par lesquels le bon Dieu avait oublié de passer, nous découvrons enfin le camp des Russes. Sans être vu, dans le silence le plus profond, le capitaine se rend compte de la force du corps d'armée et, par des indices, de sa composition, de la direction suivie jusqu'alors.

Le but de la reconnaissance était atteint. Nous n'avions plus qu'à faire demi-tour pour regagner le bivouac de la Tchernaïa. *Sidi* n'avait pas un poil mouillé, paraissait très satisfait du succès obtenu.

Notre retour fut marqué par un incident héroï-comique. Sans trop s'écarter, chacun prenait la route qui lui paraissait la moins difficile au milieu des pierres, des arbres, d'un casse-cou général.

Vers une heure du matin, je marchais botte à botte avec un maréchal des logis, lorsque nous entendons du bruit. Nous tendons l'oreille et avons bientôt la certitude que nous sommes à quelques pas d'un poste de cosaques. Les paroles qui arrivent jusqu'à nous, ne laissent aucun doute. Nous nous regardons et, mettant le sabre à la main, nous tombons au galop sur dix ou douze cavaliers pied à terre, dont les chevaux broutaient l'herbe à environ vingt pas de là.

Les cosaques ne font aucune résistance ; la victoire est à nous ; nous appelons à pleins poumons le détachement. Cinq minutes après, le capitaine est là avec sa troupe. Les cosaques ont à la ceinture des pistolets d'une grandeur extraordinaire, des coiffures d'astrakan, des peaux de mouton comme vêtement ; ils se rendent à merci.

La joie me suffoquait, j'apercevais dans les nuages, sinon la croix, au moins les galons d'argent. On interroge les prisonniers, personne ne se comprend, et nous restons frappés de leur quiétude. Le capitaine a une idée lumineuse ; il fait lever le pied des chevaux et, à la ferrure, reconnaît que nous sommes tombés sur un poste turc, nos alliés, qui avait oublié qu'en guerre il faut non seulement se garder militairement en avant pour ne pas être attaqué, mais encore en arrière pour ne pas être surpris. Mon coup de main, ma gloire, tombaient à plat.

Pendant le grand hiver de 1855, nous avons passé un mois aux avant-postes dans la vallée de Baïdar et, par 25 degrés de froid, jamais mon cheval n'a été indisponible. Je me rappelle encore les difficultés que nous rencontrions pour déboucler l'entrave gelée au pâturon des pauvres bêtes. On allait quelquefois en reconnaissance jusqu'à la porte Phoros, défilé qui menait du côté de Yalta et de Livadia. Nous traînions les animaux et, la nuit, faisions faction près des cordes pour les préserver des bandes de loups qui rôdaient autour du bivouac.

Plusieurs fois, nous avons vu dix, douze chevaux français morts à la corde, pendant que nos arabes supportaient les rigueurs de cette terrible saison. Quand on a créé le régiment de chasseurs de la garde, on a pu embarquer environ 500 chevaux pris dans les chasseurs d'Afrique. Combien les cuirassiers et les dragons ont-ils rapatrié des superbes normands que nous avions admirés avant la campagne ?

C'est en Crimée, au *Clocheton* que j'ai vu pour la première fois le général de Galliffet. Il était alors sous-lieutenant aux guides de la garde et adjudant de tranchée. Il avait déjà empoigné tout le monde par sa crânerie et ses aventures romanesques. Je ne lui enviais qu'une chose, sa pelisse. J'ai eu l'avantage de le revoir depuis, de constater que le ceinturon du sous-lieutenant d'alors pourrait encore servir au général de division, membre du conseil supérieur de la guerre.

La dernière page de ce chapitre sera consacrée à la mémoire de deux vieux camarades qui, au 2ᵉ chasseurs, m'ont guidé dans la voie d'une nouvelle vie militaire, dont j'ai bientôt su apprécier les avantages à Oran, à Tlemcen, en plaine, en Crimée.

Campagnes comprises, chacun d'eux comptait plus de quarante ans de service. Ils étaient cavaliers de 2ᵉ classe; comme dans leur jeunesse ils avaient eu quelques démêlés avec la justice militaire, ils n'aspiraient nullement à la satisfaction de voir leurs manches ornées du moindre galon jaune. De plus ils n'avaient aucune prétention à décrocher la timbale du prix Monthyon, considéraient toujours l'écriture et la lecture comme un bagage qui aurait pu surcharger leur cheval.

Par leur tenue, leur exactitude, leur bravoure, dont ils avaient donné tant de preuves en maintes occasions, ils jouissaient d'une certaine renommée régimentaire qui n'était pas à dédaigner. Ils grognaient de temps en temps, mais leur

Mettant le sabre à la main, nous tombons au galop...... Page 125.

VIE MILITAIRE.

mauvaise humeur s'évaporait en même temps que la fumée de leurs pipes.

Sans eux, sans leurs soins, je n'écrirais probablement pas ces lignes. En campagne, ils m'ont choyé. Par les grands vents et les pluies torrentielles, ils sortaient de la tente pour enfoncer les piquets et reboucler l'entrave du cheval, pendant que je restais à l'abri. Grâce à eux, par les froids excessifs, je pouvais me présenter à la parade comme un sou neuf. Je n'avais qu'à mettre le pied à l'étrier et, une fois à cheval, le coup de mouchoir était encore donné sur mes éperons polis à la gourmette. La gamelle arrivait toujours bien garnie au poste et, pendant l'hiver, en Crimée, la tribu a toujours bien vécu. Ils avaient des ressources particulières pour faire bouillir la marmite. Les chevaux ne manquaient jamais de vert ou de chaume. On n'en a pas perdu un seul à la corde.

Si leur nom est oublié au 2e chasseurs d'Afrique, il est familier à ceux qui m'entourent et savent ce qu'il y avait de bon dans ces deux natures à l'écorce rude, au cœur d'or.

Dans un peloton, deux soldats de cette trempe

suffiraient pour établir le contact précieux qui cimente la solidarité, sans laquelle il n'y a pas de grandes entreprises possibles.

J'acquitte une dette de reconnaissance en donnant ce modeste souvenir à leur mémoire et regrette que l'armée actuelle n'ait pas beaucoup de sujets de la valeur de ces deux excellents troubades, qui avaient recueilli Toff dont voici l'histoire.

TOFF

« Je m'appelle Toff, suis né dans la vallée de Baïdar (Crimée), et appartiens aux chasseurs à cheval de la garde. »

Telle était l'inscription de la plaque en cuivre, toujours brillante, d'un collier de gourmettes que l'on a vu longtemps à la salle du rapport du régiment des chasseurs à cheval de la garde.

Quel souvenir s'attachait à cet objet que les hommes soignaient comme un bijou, et qui semblait faire partie du matériel réglementaire?

Pendant la campagne de Crimée, un escadron de chasseurs d'Afrique était détaché aux avant-postes, dans la vallée de Baïdar. L'hiver était des plus rigoureux. Hommes et chevaux avaient été abrités dans des gourbis que menaçaient continuellement les loups. On était obligé d'allumer des feux en avant du bivouac pour se préserver des visites de ces carnassiers, qui devenaient de jour en jour plus entreprenants.

Par une nuit bien noire de décembre, en 1855, on entend un coup de fusil. On croit à une descente des Russes. La neige, le vent, l'obscurité, empêchent de se rendre compte de ce qui vient de se passer.

Au jour, la ronde apprend que la sentinelle a été sur le point d'être dévorée par un loup qu'elle a abattu à quelques pas d'elle. Grand est l'étonnement de tout le monde quand on s'aperçoit de la méprise de cet homme, méprise bien pardonnable. Au lieu d'un loup, il avait couché par terre un grand chien du pays, ressemblant assez à ceux des Pyrénées. La bête était morte sur le coup; à côté d'elle grelottait un de ses petits, tout noir et gros comme un chat.

On ne pouvait abandonner cette victime innocente du conflit franco-russe. On l'emporte au bivouac, où il ne tarde pas à reprendre bon air. Il aboyait tout le temps et repoussait les caresses. Son caractère paraissait fort égal, toujours colère. On ne le garda pas moins. Quand l'escadron fut relevé pour revenir sur le plateau de Kasach, Toff, c'est ainsi qu'on l'avait baptisé, suivit l'avant-garde, alla s'installer près de

la tente du général Cassaignoles qui l'adopta,
le vit grandir, le ramena en France, puis le con-
fia, à Fontainebleau, aux chasseurs à cheval qui
venaient d'être formés avec les régiments de
Crimée. C'est alors que les hommes se coti-
sèrent pour acheter le collier en question. Toff
le supporta avec quelque impatience les premiers
jours, puis finit par s'y habituer. Il était devenu
un grand et beau chien, mais n'avait rien pris
des manières civilisées de ses pareils vivant au
milieu d'une société amie. Il avait établi son
quartier général au milieu de la cour; quand on
formait les escadrons pour les manœuvres, il
arrivait quelquefois au colonel de porter l'ali-
gnement plus en arrière ou plus en avant pour
ne pas déranger Toff, qui assistait impassible,
indifférent, aux marques affectueuses dont on
le comblait. Le colonel avait seul le privilège
de jouir de son amitié. Tous les matins, à neuf
heures, il trouvait, à son arrivée au quartier,
Toff qui, remuant la queue, l'accompagnait au
rapport où il recevait une caresse et retournait
prendre sa place habituelle.

Une consigne sévère interdisait l'entrée des

chiens dans les bâtiments militaires. Les factionnaires n'avaient pas beaucoup à se préoccuper de cette recommandation, Toff n'admettant pas un de ses semblables là où il était.

Malgré ses airs bourrus, le caractère de cet animal plaisait aux hommes, à qui il rappelait les rudes et glorieuses épreuves de la guerre ; on l'aimait. C'était le véritable chien du régiment, pour qui les cuisiniers avaient beaucoup d'égards. Sa gamelle était la même que celle des hommes, portion grasse comprise.

La haine de ses semblables a perdu Toff. Un lieutenant de semaine avait amené son chien au quartier, malgré la défense faite. Toff saute sur l'animal, lui administre une pile et le reconduit à la porte. L'officier, furieux, dégaine, transperce notre ami, qui meurt sur le coup. Grande colère dans le régiment ; une forte discipline empêche seule de manifester l'indignation. Ce jour-là, le colonel fut surpris de ne pas voir Toff. Il le cherche, est inquiet. Le plus ancien sous-officier du régiment lui apprend les circonstances de la mort de notre compagnon. Le collier de la victime est placé à la salle du rapport, et la pauvre bête enterrée au pied d'un arbre de la forêt. Quand son bourreau conduisait la promenade des chevaux, il évitait de prendre la route où reposait le corps de Toff.

Que d'autres histoires j'aurais à raconter sur ces animaux qui s'attachaient à nous, nous suivaient, nous distrayaient, nous aimaient et que nous chérissions ! Il y en a une qui est bien amusante : c'est celle d'un affreux griffon, répondant au nom de *Barboucha*. Je dirai peut-être un jour ses aventures ; elles n'ont rien de tragique et chasseront les idées noires qui m'envahissent toutes les fois que je pense à l'ami Toff.

LE 18 DÉCEMBRE 1855

Si le

> Vingt-cinq décembre
> Il fait bon dans la chambre,

comme dit la chanson, il n'en est pas toujours de même huit jours avant. On en a eu la preuve le 18 décembre 1855, lorsque le vent du Nord soufllait et que le thermomètre marquait 25° au-dessous de zéro.

L'armée était menacée d'être décimée par le froid, comme sa grande ainée l'avait été pendant la campagne de Russie. Si ce temps avait duré vingt-quatre heures de plus, tout le monde y passait. L'ennemi battait la semelle de son côté; personne n'était en état de prendre l'offensive.

La division de chasseurs d'Afrique était campée sur le plateau de Kasach où les bourrasques arrivaient et se succédaient avec violence. Quelques hommes n'avaient pu se faire à la misère et à la rigueur de la saison. Il y avait eu quelques suicides. Un matin trois cavaliers, sur le front de bandière, au signal du plus ancien, s'étaient fait sauter la cervelle.

Le général Morris fit paraître un ordre du jour dans lequel il était parlé de la lâcheté des soldats qui ne savaient pas supporter virilement des souffrances pour le pays. Le corps de ceux qui déserteraient ainsi serait abandonné sur le fumier. Ce qui fut fait. Le cadavre était bientôt dévoré par les rats. Ce spectacle arrêta la contagion du suicide. Et je crois qu'il était temps d'y penser.

Les chevaux d'une brigade étaient sous des hangars, les autres à la corde. Les hommes avaient construit des abris en terre dans lesquels on faisait la cuisine et où l'on s'entassait et étouffait. Ils couchaient sous des tentes coniques que l'on fermait bien le soir ; la neige n'en passait pas moins à travers la toile. Au réveil, on éprouvait une agréable sensation sous cette couverture blanche, dont le poids procurait une douce chaleur. Mais, quand il fallait sortir du manteau et de dessous la couverture, chausser des bottes gelées, dures comme du fer, et aller donner la botte aux chevaux, ce n'était pas la même chose.

Les pauvres bêtes faisaient pitié. On avait l'ordre de les promener le matin pour les dégourdir. Les trompettes se réunissaient, sonnaient la marche comme si l'on partait, et recommençaient une heure après pour indiquer que l'on rentrait au camp. Personne n'avait bougé. Ce n'était pas la bonne volonté qui manquait ; il était impossible de déboucler les entraves. On avait beau souffler dans les doigts et battre la semelle, il était impossible de se réchauffer.

Pour l'abreuvoir, on avait établi des norias où l'on se rendait, l'après-midi, comme on pouvait, hommes et chevaux glissant et s'étalant à qui mieux mieux sur la glace qui couvrait les abords des auges.

Cette période de la campagne a été une des plus dures. On prenait tant bien que mal son parti ; la philosophie et la bonne humeur faisaient le reste.

La julienne Chollet nous a été d'un grand

secours ; sans elle, le scorbut aurait fait son apparition beaucoup plus tôt. Je recommande ces légumes à tous ceux qui font campagne et sont privés d'un assaisonnement frais dont l'estomac réclame avec instance la présence dans la marmite. Une tablette de julienne conservée valait alors de l'or.

On défilait la parade devant la baraque du général, qu'on ne voyait plus dehors depuis le jour où il s'était flanqué les quatre fers en l'air en voulant courir après un chasseur lui dérobant un mouton qu'il gardait pour la bonne bouche. Les hommes de garde étaient en sabots, avaient une peau de mouton par-dessus la criméenne et un chéchia enfoncé jusqu'au cou pour coiffure. Ils ressemblaient à de véritables brigands échappés de la Laponie. La musique d'un régiment faisait défiler. Elle ne comptait plus qu'une dizaine de soufflants. Les notes ressemblaient beaucoup à celles dont il est question dans l'histoire de M. de Crac.

On lavait le linge avec l'eau chauffée dans les ustensiles de campement ; quand on avait tordu la chemise pour la faire sécher, il restait dans les mains une toile de fer-blanc. Le vin gelait dans le bidon.

Malgré cette misère, on n'engendrait pas trop la mélancolie et l'ordinaire ne laissait rien à désirer, grâce aux courses que l'on faisait à Kamiesch. Les harnachements étaient en bon état ; à l'appel de trois heures, on pouvait voir les mors de bride et les étriers toujours astiqués à la gourmette. La propreté n'a jamais perdu un instant ses droits pendant cette saison si rigoureuse.

Le 18, le régiment va au fourrage. La corvée part comme d'habitude, l'homme trainant le cheval par la figure. Au magasin, tant bien que mal, les bottes de foin sont équilibrées sur la selle et l'on se remet en route. Un chasseur marche lentement et, comme il montrait ordinairement assez de mauvaise volonté dans le service, le brigadier le menace de la garde du camp. Colin, c'était le nom du cavalier, avait les rênes du bridon passées dans le bras et les mains dans sa culotte. Comme on le tarabustait un peu pour le faire avancer, pour tenir son cheval :

— Si vous aviez ce que j'ai, vous ne crieriez pas tant.

En arrivant au camp, il montre ses mains ; les chairs se détachent en lambeaux.

On le conduit à l'ambulance ; la gangrène avait commencé, on lui coupe les deux poignets. Il a eu six cents francs de pension.

Le lendemain, des navires quittaient Kamiesch emmenant à Constantinople plus de 3,000 soldats atteints de congélation dans ces vingt-quatre heures. Des pelotons entiers de chevaux des dragons et des cuirassiers étaient morts à la corde. Nos arbicos avaient résisté.

Les derniers jours de l'occupation n'étaient pas très gais. Le scorbut, le typhus, faisaient des leurs ; les odeurs du plateau de Kasach ne ressemblaient en rien à celles de la rue Sainte-Anne aux environs de la maison Lubin.

Nous étions, parait-il, couverts de lauriers, cela suffisait à notre bonheur. Je n'ai pas été fâché cependant de mettre le pied sur le trois-mâts qui allait voguer vers la France. Cette fois, la traversée a été de 59 jours, avec escales un peu partout. En débarquant à Marseille, nous

avons enfourché immédiatement notre cheval
pour nous mettre en route vers Compiègne où
se formait le régiment des chasseurs à cheval
de la garde. Les délices des garnisons nous ont
vite fait oublier les fatigues de la guerre, jusqu'au jour où l'on a sonné le boute-selle pour
aller en Italie recueillir encore les couronnes du
triomphe.

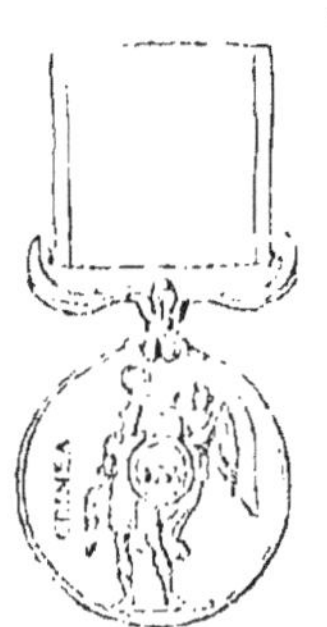

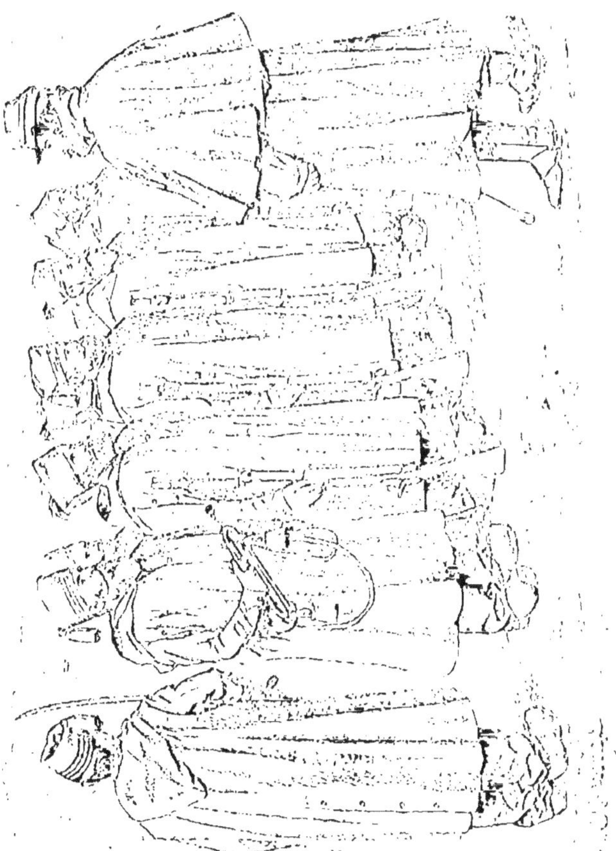

Les hommes de garde étaient en sabots. Page 111.

CHAPITRE IV

ITALIE

EN ROUTE

L'adjudant D... avait toujours servi en Algérie, où il avait été décoré pour ses brillants états de service. Versé aux chasseurs de la garde à la formation du régiment, il était un serviteur modèle, continuait à se faire remarquer par son esprit essentiellement militaire.

On était en garnison à Fontainebleau au moment de la déclaration de guerre. On prend par la droite, et les quatre premiers escadrons sont désignés pour partir. On avait compté sans le camp de Châlons, où lesdits escadrons avaient manœuvré l'année précédente. De là, réclamation motivée et écoutée. Les 5ᵉ et 6ᵉ partent à la place des 3ᵉ et 4ᵉ, et, après avoir maugréé et pesté pendant vingt-quatre heures, j'oublie tous les ennuis en filant avec mon brave et cher 5ᵉ escadron.

On monte à cheval ; la population nous couvre naturellement de fleurs. A la gare, un peu d'ordre est remis dans les rangs, l'embarquement s'opère tant bien que mal. Le lieutenant-colonel demande à l'adjudant D... s'il a commandé les hommes de service pour l'arrêt qui aura lieu à Lyon. Il fallait être le règlement fait de chair et d'os pour avoir pensé à cela. D..., un peu abasourdi par cette admonestation, court pour aller donner des ordres, traverse la voie, est renversé par une locomotive qui lui coupe les deux jambes, l'une au-dessus, l'autre au-dessous des genoux. On le porte à l'hôpital, l'amputation a lieu séance tenante.

Un tel accident aurait singulièrement impressionné les anciens ; ils y auraient vu un mauvais présage. Pour nous, le départ a été seulement attristé par la pensée que notre camarade, qui avait tant de fois échappé à la mort dans les expéditions d'Algérie, ne pourrait pas couronner sa carrière dans la campagne que nous allions entreprendre.

Avec quelle joie on se sentait débarrassé de la vie de garnison, de la promenade des chevaux, des théories récitatives et pratiques, du peloton et de l'escadron modèles, des conférences, de l'ajustage de la bretelle de fusil, du poitrail, de la giberne, des mille détails du même genre qui, à cette époque, suffisaient pour faire acquérir la réputation de bon ou de mauvais serviteur, réputation qui vous suivait pendant toute votre carrière, peut-être aussi *ad vitam æternam.*

On allait donc respirer encore une fois, vivre de la vie des camps avec toutes les émotions de la guerre et prendre un véritable point de direction.

Arrivés à Marseille, on campe pendant deux jours au Prado, où nous sommes honorés de la visite de toute la société phocéenne. Elle paraît prendre beaucoup d'intérêt à notre manière de vivre, aux détails de notre toilette. Ces

visites ne nous sont pas désagréables, au contraire.

En France, comme sur la route de la Cor-
niche, nous étions logés chez l'habitant. A partir de Gênes, jusqu'à la rentrée dans la garnison, on campe; nous sommes restés quelquefois
huit jours sans nous déshabiller.

La première fois que j'ai retiré ma culotte
après Solférino, une douce émotion s'est pro-
duite en moi. J'ai découvert, dans le vêtement
qui a contribué à la réputation du roi Dagobert,
une pièce de cinq francs qui s'était égarée dans
la doublure. C'était une fortune. A cette
époque, le Pactole ne coulait pas dans nos
poches dont les toiles se touchaient souvent.

Notre voyage a été triomphal d'un bout à
l'autre. A Nice, comme partout du reste, on a
été bombardé de bouquets et l'on a trouvé une
hospitalité des plus écossaises, ressemblant beaucoup à celle du pigeon de la fable.

Le correspondant d'un journal de Paris accompagnait le régiment. Jeune, affable, plein d'entrain, M. X... était très bien vu dans la colonne.
On lui avait donné une ordonnance pour lui et

son cheval, et il faisait la route comme les camarades. Il portait sabre et pistolets à la ceinture. Marchant généralement à la gauche de la colonne avec le docteur et le vétérinaire, il frap-

Il portait sabre et pistolets à la ceinture.

pait l'imagination des populations par son costume civil et son armement militaire. « Quel est cet officier ? demandait-on souvent. — Le dentiste du régiment. »

A Magenta il a chargé comme les camarades ; à Milan, on l'a prié de ne plus exposer ses jours dans les bagarres nouvelles qui pourraient se

présenter. Il a certainement un peu regretté de
ne pas assister à notre marche en avant, mais dû
se féliciter surtout de ne pas avoir été témoin
de l'attitude de nos alliés lors de notre retour,
après leur avoir gracieusement offert, au prix
de notre sang, l'indépendance de leur pays.

À la gare, l'embarquement s'opère tant bien que mal. (Page 175.)

MAGENTA

Le régiment était agréablement campé à Novare, où nous avions remplacé les Autrichiens. Le 2 juin, l'ordre est donné de ployer les tentes, de marcher en avant. On n'avait pas le temps de s'ennuyer dans les bivouacs et, quand on croyait pouvoir respirer, le boute-selle rappelait vite que l'on n'était pas en Italie pour se reposer dans les délices de Capoue. Un coup de pied était alors souvent donné à la marmite et l'on en était quitte pour se serrer le ventre.

Le soir, on arrive sur les hauteurs qui dominent le cours du Tessin. Le génie établit un pont en moins de trois quarts d'heure, passe sans encombre et nous lui emboîtons le pas. Le 3, combat de Turbigo ; le lendemain, bataille de Magenta, danse des morts à grand orchestre.

Les grenadiers donnent au pont du canal ;

une pièce de canon, héroïquement défendue par les servants, est enlevée par l'ennemi. Le régiment suit la division des voltigeurs de la garde, commandée par le général Camou. On marche partout sur des cadavres qui, vu la grande chaleur, donnent le démenti au mot historique.

Vers six heures environ, j'ai assisté au plus beau spectacle que puisse rêver un soldat. Les tambours des quatre régiments battent la charge avec accompagnement des clairons du bataillon de chasseurs à pied. La colonne s'ébranle en croisant la baïonnette, le général Camou en tête, sur son cheval blanc. Ce mouvement décide les Autrichiens à battre en retraite le plus rapidement possible; nous nous arrêtons à l'entrée du village.

On souffle un peu. La plaine est jonchée de cadavres. Il est impossible de trouver un endroit où le fer et le feu n'aient pas laissé des traces. Nous en sommes réduits à traîner les morts, que l'on recouvre de maïs. Une fois le terrain déblayé, on plante les cordes, mais on ne peut dresser les tentes.

Le soir, le général Camou me charge de conduire une corvée dans le village pour aller chercher de l'eau. J'emmène une vingtaine d'hommes et prends le clocher pour point de direction. Arrivé devant un puits où il y avait déjà plus de 500 soldats, je me paie d'audace : « Laissez prendre de l'eau pour l'Empereur. » On avait alors le respect du chef ; mes paroles firent, pour ma corvée, l'effet de la baguette de Moïse frappant le rocher. Mes quarante bidons remplis, je file au plus vite vers le quartier du général Camou qui me félicite et boit à pleine gorgée au bidon comme un simple troubade.

Le lendemain, les chevaux sont conduits à l'abreuvoir dans les fermes. Là, les zouaves fouillent les granges et visitent les caves, d'où l'on débusque encore pas mal d'Autrichiens. Sur le maître-autel de l'église était étendu le général Espinasse, tué la veille, avec son officier d'ordonnance de Froidefont.

La gare avait été transformée en ambulance ; je vois encore la salle d'attente où les chirurgiens coupaient bras et jambes, marchaient dans le sang, s'essuyaient le front avec l'avant-bras, maculé comme les vêtements. Notre espèce humaine est ainsi faite qu'on allait là par curiosité et qu'il a fallu mettre un poste pour empêcher l'armée de se payer ce spectacle.

Les paysans nous rançonnaient à qui mieux mieux. Comme il ne nous serait jamais venu à l'idée de donner un coup de canif aux ordres donnés, on respectait la propriété.

Dans cette journée, je me suis procuré à boire et à manger d'une singulière façon. Dans la ferme où j'avais conduit mon peloton à l'abreuvoir, je demande au Piémontais s'il n'a pas de poules à vendre, une volaille quelconque. — « Niente, signor. » — Au même moment, j'entends des couancouans dans la cour et tombe sur un poulailler où s'ennuyaient quatre oies dont j'apprécie de suite la qualité. Je n'étais pas un pillard ; mais ne pouvant supporter le mensonge que venait de me faire cet homme que nous venions d'arracher à la tyrannie de l'Autriche, j'emporte les quatre cuirassiers blancs à plumes et m'acquitte envers leur propriétaire en lui donnant deux pièces de son pays valant chacune huit sous.

Cinq minutes après, une compagnie de zouaves délogeait d'un grenier une trentaine de Hongrois qui comptaient sur la nuit pour s'évader. Ces féroces pandours auraient pu me tuer, le paysan n'ignorait pas leur présence; donc je n'avais rien à me reprocher, et ma conscience me disait que j'avais agi conformément aux besoins de l'estomac de mes camarades et du mien. Dans ces circonstances, on n'oubliait jamais l'état-major. Un des descendants des sauveurs du Capitole a été envoyé au général Camou, un autre à la popote du colonel, le troisième à celle des officiers de l'escadron; quant au quatrième, il a fait les honneurs de notre gamelle.

Les Lombards voulaient nous vendre leur vin des prix insensés. J'étais dans les rues de Magenta, avec trois ou quatre sous-officiers de grenadiers, lorsque Victor-Emmanuel vint à passer, toujours escorté de son unique carabinier. Avec sa bonne humeur habituelle, il nous adresse la parole et demande si nous avons tout ce qu'il nous faut. Je ne suis pas ébloui par la majesté royale. « Sire, on meurt de soif, et il est impossible de trouver du vin dans Magenta.

« Prenez-en où vous en trouverez et vous direz que c'est moi qui paie. » Ces paroles opérèrent encore un miracle ; les bidons se remplirent immédiatement du jus divin. Je n'ai jamais mis en doute que le roi galant homme ne se soit pas souvenu de cet engagement pris vis-à-vis de ses sujets.

L'Empereur nomme le général de Mac-Mahon maréchal de France et duc de Magenta. Nous filons le soir du côté de Milan et dormons dans un champ de maïs où hommes et chevaux disparaissaient. La nuit fait oublier les fatigues des deux dernières journées ; on se réveille bercé par le songe de la gloire, avec la pituite occasionnée par les généreuses libéralités de celui qui venait d'ajouter à ses parchemins royaux le brevet de caporal de zouaves.

Je ne raconterai pas notre entrée triomphale à Milan, la bataille de Solférino, notre séjour à Villafranca, ne dirai rien de notre désillusion quand il a fallu faire demi-tour pour prendre la route du Mont-Cenis et rentrer en France.

En passant la Trebbie, le hasard m'a fait

découvrir, sur le pont, une plaque commémorative portant à peu près cette inscription :

« Ce monument a été élevé par Marie Louise, archiduchesse d'Autriche, duchesse de Parme et de Plaisance, en l'honneur de la victoire remportée par Annibal sur les Romains et de celle de Souvarow sur les Français. »

Avec l'autorisation du général, nous avons démoli ce monument. J'ai porté pendant quelques jours une pierre dans mes fontes ; mais comme elle chargeait mon cheval, je l'ai jetée un beau matin sur la route. Je n'ai rapporté de cette campagne que le plaisir d'avoir vu un beau pays, mis, pour de bon, le sabre à la main deux ou trois fois, échappé pendant trois mois au service de la garnison. Comme les autres, j'ai marché en triomphateur et bien regretté de ne pas voir Venise. Il est vrai que je ne connais pas encore Carcassonne !

J'ai conservé un si bon souvenir de mon passage dans ce régiment modèle que je lui donne une place importante dans ces vieilles histoires que les jeunes camarades peuvent lire pour les réconforter de tout ce que l'on écrit aujourd'hui contre l'armée.

Je ne me pose pas en Saint-Simon, mais tiens à faire connaître quelle était la vie militaire à l'époque dont je parle.

Je donne ces histoires à bâtons rompus. On les prendra pour ce qu'elles valent.

UN ÉTYMOLOGISTE

Le régiment de chasseurs de la garde impériale a été formé sur le plateau de Kasach, en Crimée, et organisé à Compiègne en 1856.

Grâce à l'esprit administratif de M. le major, le colonel avait pu annoncer à l'empereur, alors en villégiature dans la ville où Jeanne d'Arc fut faite prisonnière, que le régiment était le premier de l'arme, non seulement par son dévouement à la dynastie impériale, mais encore par sa tenue, sa discipline et le reste.

Un soir, le bruit se répand que Napoléon III viendra le lendemain visiter le quartier.

Immédiatement branle-bas de nettoyage ; tout est mis dans le plus grand état de propreté ; depuis la planche à pain jusqu'aux semelles de bottes, sans oublier la litière de l'écurie. La soupe sera remplacée par le rata, et, comme la visite n'est pas annoncée officiellement, on lui laissera tout son cachet d'imprévu.

En conséquence, les officiers se trouveront par hasard au quartier ; les hommes seront dans les chambres et, quand Sa Majesté entrera, la musique, par une coïncidence curieuse, répétera « Partant pour la Syrie ».

Les cuisiniers devront être rasés de frais, avoir du linge propre ; le brigadier de planton sera le plus ancien du régiment.

Le lendemain, tout se passe suivant ce programme. Quand l'empereur entre au quartier, les hommes se précipitent spontanément aux fenêtres, font retentir les airs de plusieurs vivats, prouvant que le creux était bon au régiment.

Le souverain visite les cuisines, parle de l'intérêt qu'il porte à l'alimentation du soldat, et, alléché par l'odeur de la marmite, exprime le désir de goûter la soupe.

— Sire, lui est-il dit, c'est du rata.

— Mais votre rata est excellent ! Pourquoi appelez-vous cela du rata ?

Grande émotion dans la suite, plus grande encore dans le groupe des officiers du régiment qui, retenus par l'étiquette, restent muets comme des carpes. Jamais on n'a vu une collection de pivoines d'un rouge aussi foncé.

Devant cet embarras général, le cuisinier prend son courage à deux mains et dit tout bas : « Sire, c'est parce que c'est de la ratatouille. »

Tout le monde opine du bonnet. L'empereur se retire, très satisfait du rata, de l'étymologie que chacun avait sur les lèvres, que la majesté seule du visiteur avait empêchée d'être solennellement indiquée.

Le colonel réunit les officiers pour leur faire part du témoignage de haute satisfaction manifesté par le souverain.

Puis, s'adressant au capitaine du 6e escadron :

— Comment s'appelle votre cuisinier ?

— Vatel, mon colonel.

— Monsieur, je vous prie de ne pas faire de plaisanteries déplacées.

— Vatel, mon colonel.

— Eh bien ! vous n'avez qu'un homme intelligent et vous le mettez à la cuisine ? En vertu du règlement du 2 novembre 33, je nomme Vatel brigadier.

Six mois après, Vatel passait sous-officier, sautait les murs, faisait les cent coups et n'apprenait pas sa théorie. Le colonel se montrait très indulgent pour lui, augmentait rarement ses punitions.

Au moment de prendre son congé, ne sachant trop où aller, Vatel demande un emploi civil. Le chef de corps se rend immédiatement auprès d'un aide de camp de l'empereur pour lui recommander son protégé.

— Vous savez, mon général, celui qui nous a sauvés d'un si grand embarras il y a trois ans.

— Ah! oui, je me rappelle; l'homme qui a arrêté le cheval maltraitant l'attelage de la voiture dans laquelle se trouvait l'impératrice.

— Non, mon général, celui...

— Oui, oui, oui, je n'ai pas oublié. Je vais en parler à Fould. Il aura une bonne perception.

Six mois après, Vatel était nommé à la perception de X... Avec un peu de travail, quelque peu de connaissances, beaucoup de politique, il arriva promptement à une des meilleures perceptions de France. En 1870, il quitta son bureau, prit le fusil, fut frappé par une balle prussienne qui brisa la carrière administrative de cet étymologiste distingué, tombé dans le fossé des champs de bataille, en soldat, voulant cette fois tremper la soupe à l'envahisseur de son pays.

LA CANTINIÈRE

J'en ai connu des jeunes et des vieilles, des grandes et des petites, des minces et des grosses, des brunes et des blondes, toutes passant pour être fort désagréables et d'un commerce très difficile, mais ayant la consécration de M. le Maire, salle des mariages. Ce type a disparu. Sans avoir eu le privilège de retrouver la Catin de Béranger, j'ai eu celui de connaitre quelques-unes de ces femmes qui, en campagne et autres lieux, ont rendu des services de toutes sortes à l'humanité souffrante.

En garnison, la cantinière est généralement de mauvaise humeur. Préparer les repas des sous-officiers, verser continuellement à boire aux pratiques qui assiègent son comptoir, supporter la mauvaise humeur des pensionnaires toujours mécontents, les reproches du mari et veiller à la tenue des salles, c'est un métier bien difficile auquel Pandore et son brigadier auraient certainement succombé.

Autrefois, c'était ordinairement une fille qui, de garnison en garnison, suivait un trompette, un maréchal-ferrant, faisant les étapes la plupart du temps à pied et arrivant dans la nouvelle résidence avec un bagage de misère. On s'intéressait à elle, les officiers la prenaient pour blanchisseuse et, quand on savait que l'on avait affaire à une travailleuse, le colonel faisait régulariser la position ; la commission de cantinière ne tardait pas à arriver.

Elle commence alors à mettre des fleurs à son bonnet, puis on la voit bientôt en chapeau et en robe de soie, d'où l'on conclut que les affaires marchent bien. Mais, plus elle fait le sac, plus elle devient désagréable. C'est une véritable peste pour les sous-officiers à qui elle refuse crédit aujourd'hui pour mettre sa cave à leur disposition le lendemain. Rien ne peut la vexer plus que quand on l'appelle « blanchisseuse-vivandière », ce qui est, du reste, le terme réglementaire. On a, il est vrai, mille moyens de se venger d'elle.

En voici un qui nous a toujours réussi. Quand on avait à se plaindre du repas ou de toute autre chose, on faisait appeler la vestale du fourneau, laquelle répondait invariablement qu'elle ne voulait pas se déranger. On demandait alors le mari ; il s'empressait d'arriver en bras de chemise ou la veste non boutonnée.

— Trompette, disait le président de la table, vous serez deux jours à la salle de police pour vous être présenté à la pension des sous-officiers dans une tenue indécente.

— Mais...

— Silence !

— C'est encore cette bougresse de Jeanne qui est cause de cela. Je vais lui régler son compte.

Cinq minutes après, on entendait le mari administrer sa moitié qui montait en pleurant nous demander la grâce de son homme. Nous n'avons jamais eu le cœur de refuser, d'autant plus que nous devenions alors les maîtres de la maison, avec marque à la fourchette sur notre compte.

Au temps dont je parle, une cantinière mettait cent mille francs de côté en dix ans. Les épaves du remplacement, les rengagements, la bourse des engagés volontaires, celle des recrues, fondaient rapidement au creuset du comptoir où coulaient à jet continu l'eau-de-vie blanche, le vin frelaté et les *liqueurs superfines.* Puis, la soupe mangée sur une table, une salade, un petit plat ne tardaient pas à augmenter les bénéfices d'un commerçant qui n'avait à payer ni logement, ni impositions, ni chauffage.

J'ai passé par des régiments où les sous-officiers étaient mieux nourris que les officiers et en ai vu d'autres où ils étaient obligés de serrer souvent la courroie. Tout cela dépendait du chef de corps.

Jeanne, dont j'ai parlé plus haut, était une bonne fille. — Si elle nous écorchait pour mettre notre porte-monnaie à sec, à un moment donné elle n'en avait pas moins de grandes qualités.

A Solférino, dans la fièvre que l'on a plus ou moins dans ces affaires champêtres à grand orchestre, nous avions passé la journée sous un soleil ardent et eu la bêtise de manger des mûres sur le terrain que nous parcourions. A cinq heures du soir, nous tirions la langue et en étions réduits à sucer l'eau dont l'orage avait imbibé nos talpacks et nos manteaux.

Tout d'un coup, la voiture de Jeanne arrive. On s'est demandé bien souvent quel tour de force notre bonne, notre brave, notre excellente cantinière, la mère, la vraie mère du soldat, avait fait pour passer sur les routes encombrées par les convois, au milieu des vignes, du terrain fauché par la mitraille.

Je la vois encore sauter en bas de sa voiture et crier : « Le 5ᵉ escadron par ici ! » On l'entoure, et, au bout de cinq minutes, il y avait plus de cinq cents personnes autour d'elle.

Dans un langage à la Cambronne, elle envoie promener tout le monde. — « J'ai trois cents litres de vin achetés à Montechiare. Passez-moi un bidon. Allez le porter au colonel. Et maintenant, mes petits agneaux, tout cela est pour mon escadron et j'engage même ceux qui n'en font pas partie à aller voir là-bas si j'y suis. »

J'ai avalé d'un seul coup un litre sans respirer. — Une fois les officiers servis, les sous-officiers et les hommes, elle a bien voulu consentir à nous laisser offrir des rafraîchissements aux états-majors qui étaient accourus. J'avoue que, pour ma part, j'ai fait pas mal d'heureux en passant cet affreux litre d'étain, rempli de jus divin, que l'on aurait payé au poids de l'or.

Elle était partie de Mostaganem en 1856 et, autant qu'il m'est permis de m'en souvenir, a été planter ses choux en 1868, est morte d'ennui une année après. Son mari, devenu gros monsieur, n'était pas, paraît-il, toujours tendre pour elle.

Aux chasseurs d'Afrique, les cantinières suivaient les colonnes à cheval, sautaient les broussailles comme les cavaliers et ne reculaient pas devant le coup de feu où elles faisaient aussi bonne figure que le plus vieux troupier. En Crimée, la fortune leur a souri ; mais ce qui arrive par la flûte s'en va souvent aussi par le tambour.

La dernière que j'ai connue avait été surnommée *La Douceur*, probablement à cause de ses emportements. Mais elle était très débrouillarde, nourrissait bien les officiers aux grandes manœuvres et ne rechignait pas à la peine. Le

colonel prétendait qu'elle se couperait des bif-
tecks dans les joues plutôt que de laisser mourir ses pensionnaires de faim. Elle est morte
malheureuse.

LE DÉJEUNER A LA FOURCHETTE

Un duel a été évité, pendant la campagne d'Italie, entre deux de mes camarades. « Je défends, avait dit le colonel, qu'on aille *déjeuner à la fourchette* pendant que nous sommes devant l'ennemi. » Le mot m'amène à lui donner une interprétation.

Dorénavant, parait-il, le troupier ne se servira plus de la fourchette du père Adam pour manger sa portion sur ou sous le pouce. Le ministre de la guerre en a décidé ainsi après l'essai de mobilisation ; la nouvelle en a été portée à la connaissance du régiment par la voie du rapport.

Nous sommes disposés à reconnaitre que tout ce que fait le chef de l'armée est bien fait ; mais nous avons quelque raison de croire que, en cette occasion, la mesure a été prise un peu tard et est arrivée comme un certain marquis très connu.

En effet, depuis longtemps déjà, les chefs de

corps ont transformé les chambres des casernes et quartiers en véritables salles de restaurant. Les découvertes de la science, les lois sur l'hygiène, ont soumis le soldat au régime des *repas variés* et fait disparaitre la soupe traditionnelle du matin et du soir. Cette alimentation a pourtant suffi, pendant de nombreuses et glorieuses années, à sustenter une génération solide, bien charpentée, sur laquelle l'ordinaire dit de la *vache enragée* n'avait aucune prise, quoi qu'en disent les philanthropes de nos jours. Dans ce temps-là, le cavalier ne se plaignait pas quand il fallait, par hasard, donner un coup de boucle au ceinturon et le fantassin un coup de coude à azor, en attendant des jours meilleurs. L'esprit militaire chauffait la tête et tenait au ventre. L'histoire de la conquête d'Alger est là pour le prouver, ainsi que la campagne de Crimée.

Mais, il faut être de son temps et vivre avec le siècle ; c'est en vertu de cette maxime que le soldat vient d'être doté d'une fourchette qui augmentera la nomenclature de ses effets de petit équipement.

Cette introduction officielle de la fourchette constitue certainement une amélioration notable dans notre organisation militaire. Aussi ne nous arrêterons-nous pas à en énumérer les avantages au point de vue du recrutement.

Elle nous rappelle seulement de bons et lointains souvenirs, de ce temps où la flanelle, l'huile de foie de morue et le reste, ne préparaient pas l'enfant à ne pouvoir supporter, plus tard, les rudes privations du métier. A cette époque, en dehors des visites du choléra, on se portait toujours bien au régiment ; on ne connaissait pas toutes les précautions paternelles et fort sages prises, aujourd'hui, en vue de satisfaire l'opinion publique.

Au 2ᵉ chasse-marée, dans ce 2ᵉ chasseurs d'Afrique où tout était bon, chefs, hommes et chevaux, quand, à propos de bottes ou de corvées, une discussion s'élevait entre deux cavaliers, entre deux brigadiers, il y avait toujours là quelqu'un pour mettre le holà : « Ça suffit, nous arrangerons demain matin cette affaire *en déjeunant à la fourchette.* » Traduction littérale : « Les sabres seront portés immédiatement chez le chef armurier pour être finement aiguisés et, au grand jour, on s'alignera sur le terrain. »

Vers quatre heures du matin, adversaires et témoins, tous avec chemises et pantalons de treillis à faire rougir les blanchisseuses de fin d'Issy, se rendaient sur les bords de la mer, du côté de la batterie. Là, dans une délicieuse allée de cactus et de figuiers, les combattants, le torse nu, se mettaient en garde.

Quel bon temps ces coups de sabre et de pointe nous rappellent ! A cet air frais du matin, on respirait à pleins poumons des bouffées d'honneur, de dignité personnelle. Le dernier cavalier de 2ᵉ classe n'aurait supporté un mot équivoque pouvant porter atteinte au respect que nous avions de nous-mêmes, sans immédiatement demander une réparation par les armes. Autour de la gamelle, dans laquelle nageaient quelques tranches de pain et surnageait une tête de burgos, on vivait en aussi bonne société que partout ailleurs.

Un coup de manchette ou de banderole mettait vite fin au combat. Puis on se rendait à l'infirmerie pour le pansement, non sans passer à la cantine où l'on commandait le *déjeuner à la fourchette*.

Vers les dix heures, à l'heure de la soupe, personne ne manquait à l'appel chez la mère du soldat, Mme Merchand, femme rondelette, cantinière agréable, toujours disposée à faire crédit sur les mandats de la poste apportés par le courrier signalé. C'était la reine du fourneau de cuisine, sur lequel mijotait, en permanence, un miroton arlequiné, dont les chasseurs d'Afrique se léchaient les doigts.

Le brigadier d'ordinaire était toujours du festin. C'était notre banquier; de plus, il avait un grand avantage à nos yeux au point de vue du crédit : il était très bien avec la cantinière.

La bonne humeur présidait au repas; on ne quittait la cambuse, avec promesse de continuer la fête le soir, que lorsque le demi-appel nous rappelait que nous étions cavaliers et avions à nous souvenir qu'il fallait panser *Kadour*, lui donner à boire et à manger, sans manquer de lui apporter quelques morceaux de pain.

Nous avons fait quelques-uns de ces *déjeuners*

à la fourchette et ne nous sommes jamais plaints de leurs trois périodes. Aujourd'hui, leur souvenir nous fournit l'occasion de leur donner une étymologie, peut-être pas très savante, mais tout au moins acceptable.

Maintenant que nos soldats ont une fourchette, nous leur rappelons ces histoires du vieux temps. Quand ils seront assis commodément à la table de la chambrée, devant le bœuf-mode, qu'ils n'oublient pas que leurs aînés *déjeunaient aussi à la fourchette* quand il s'agissait d'entretenir parmi eux le respect de soi-même et le contact des cœurs dans le régiment.

ÉCRIRE AU MINISTRE

« Écrire au ministre » est une locution militaire souvent employée en été. Il arrive parfois que, en rentrant chez lui, un officier général ou supérieur rappelle au planton, à l'ordonnance, à sa maison, qu'il n'est pas visible de deux à quatre heures. « Si on me demande, vous répondrez que j'écris au ministre. »

Dans la division, la brigade, le régiment, dans tout le corps d'armée, on parle d'une correspondance aussi soutenue, aussi fatigante.

Cet empiétement de la paperasserie sur le service actif ne manque jamais d'exaspérer l'officier qui a fait campagne à coups de fusil ou de sabre; tout le monde s'élève contre ce fléau destructeur de l'esprit militaire.

— Mon général, ou mon colonel, mon commandant, j'ai eu l'honneur de me présenter aujourd'hui pour vous faire la visite réglementaire à ma rentrée de permission.

— Merci, mon ami; on m'a remis votre carte; je regrette de n'avoir pu vous donner audience, j'écrivais au ministre.

Avec une pareille correspondance, l'influence des chefs doit être bien grande. Le régiment

Écrire au ministre.

s'en apercevra certainement aux premières promotions, la chose est indubitable.

A la suite de renseignements aussi perfides que multiples, on finit par découvrir la vérité pour rire à gorge déployée en apprenant aux camarades, qui s'en doutaient un peu, que le chef n'est pas aussi écrivassier qu'on pourrait le

croire, et que « écrire au ministre » est simplement synonyme de faire la sieste dans l'après-
midi. — Alors, la correspondance devient plus
active, et, quand ils en ont le temps, les officiers
subalternes se permettent aussi d'écrire un mot
au chef de l'armée.

D'où vient cette locution ? De l'ennui que
les généraux et les chefs de corps ou de détachement éprouvent à paraphraser un rapport,
souvent insignifiant, que l'autorité n'acceptera
qu'avec la forme chère à Brid'Oison. On s'endort alors sur la copie, et tout est dit avec la
salutation réglementaire.

Cette correspondance fantaisiste nous a engagé à faire une étude rétrospective, à dire
quelques mots sur la manière dont les choses
se passaient au temps de l'ancienne monarchie.

A cette époque, les généraux avaient aussi
leur manière d'écrire au ministre. Le style et
les idées variaient peu. On en trouve une cri-
tique fort intéressante dans la correspondance
particulière du comte de Saint-Germain, secré-
taire d'État de la guerre.

Un jour, dinant chez un chef d'armée, celui-ci quitta la table de bonne heure pour écrire à la cour. « Que peut-il demander à la cour, dit un des convives ? Il ne se passe rien et il écrit toujours. » Sur cela, M. de Saint-Germain se met à détailler une correspondance entière qu'il imagina entre le général et la cour.

— Voici, dit-il, ce qu'il mande :

« Je me suis levé aujourd'hui à neuf heures après avoir fort bien dormi et même ronflé ; j'ai été faire, à dix heures, une reconnaissance dans laquelle je n'ai rien vu. Je suis rentré au quartier général à onze heures, on m'a fait la barbe, et mon valet de chambre, en frisant ma perruque, au lieu de commencer par le côté droit, selon son usage, a commencé par le côté gauche. »

Le ministre lui répond : « Votre dernière dépêche, qui est fort intéressante, nous a suggéré des réflexions profondes qu'il est bon de vous communiquer. Pourquoi ne vous êtes-vous pas levé à huit heures ? Vous eussiez pu faire à neuf, et non à dix, la reconnaissance dont vous parlez, et dans laquelle vous eussiez peut-être vu quelque chose. Il est tout simple qu'on vous

ait rasé, surtout si votre barbe était longue ;
Dieu veuille qu'on ne vous ait pas écorché !
mais il est extraordinaire que votre valet de
chambre ait dérogé à son usage en commençant
à papilloter votre perruque du côté gauche.
Comme le roi en a été surpris, vous voudrez
bien m'en mander les raisons par un courrier
exprès, afin que je puisse au plus tôt en rendre
compte à Sa Majesté, dont je vous ferai savoir
les intentions ultérieures. »

Il réplique au ministre : « Vous voudrez bien
observer que je n'ai pas dit qu'on eût mis des
papillotes à ma perruque, mais seulement qu'on
l'avait frisée, ce qui est très différent, et, quoi-
qu'on ait commencé par le côté gauche, vous
pouvez tranquilliser le roi et l'assurer qu'il n'en
résultera aucun inconvénient essentiel. »

Cette parodie de certaines correspondances
entre les généraux et les ministres ne manque
pas de ressemblance et de vérité dans son exagé-
ration. Elle peut s'appliquer aussi entièrement
à une époque où les grandes préoccupations
militaires, qui auraient dû s'imposer naturellement, disparaissaient devant des détails insi-

gnifiants, alors qu'on s'occupait plus de l'envoi d'un bracelet, du chargement d'un fourgon, que d'une reconnaissance, de l'approvisionnement d'une armée, de l'étude d'un plan de campagne.

Les archives du ministère de la guerre sont riches en rapports, en lettres, en notes, où les formules de salutations occupent la place importante; on est surpris de trouver une variété aussi grande dans la manière de rendre compte aux différents degrés de la hiérarchie. Quand il faut deux lignes pour dire qu'un régiment a fait ceci ou cela, on est obligé de tailler sa plume pour noircir une page ou deux.

On a fait disparaître à peu près cet abus, pour ramener la correspondance à une forme concise, à un style clair. On n'a eu qu'à s'inspirer du laconisme des hommes de la Révolution et du premier Empire. Les instructions se rapprochent entièrement de celles inscrites dans le service en campagne.

Cette mesure gêne peut-être les fervents de la routine, mais nous pouvons assurer qu'elle est approuvée par la grande majorité de l'armée, dont tous les membres sauront maintenant comment il faut *écrire sérieusement au ministre,* sans avoir à craindre les interprétations, les rappels, les nouvelles instructions explicatives. En un mot, on ne perdra plus son temps ; le sommeil ne sera plus la conséquence forcée de la correspondance officielle.

LE MARÉCHAL DES LOGIS PISTOLET

Un livre récent, dans lequel il a été dit beaucoup de mal des sous-officiers d'aujourd'hui, m'a causé une émotion poignante. Pendant trente ans passés au régiment, je n'ai jamais rencontré le type que l'auteur s'est plu à présenter, à analyser. A ce propos, voici une histoire véridique qui montre comment les choses avaient lieu à une époque où, comme dans tous les troupeaux, il pouvait se glisser une brebis galeuse

Désiré était un beau et grand garçon, plein d'entrain et de vie, et ne passait pas pour engendrer la mélancolie. Il y avait, en lui, un mélange de discipline et d'indépendance qui avait fait dire à un de ses chefs : « C'est un drôle de pistolet. » Le nom lui était resté, et, en dehors du service, on ne l'appelait jamais autrement.

Désiré (François-Alphonse), fils de Désiré (Jacques-François) et de Mertalle (Rosalie), était né à Vertus, département de la Gironde. Son livret portait : profession d'étudiant, visage ovale, nez aquilin, bouche moyenne, menton rond, cheveux châtains, taille 1^m,74, vacciné avec succès ; signes particuliers, néant. Engagé en 1849, au 8e régiment de lanciers, il s'était, de suite, fait remarquer par sa bonne conduite, son goût pour le cheval, sa tenue. Comme élève-brigadier, il était très ferré déjà sur les différentes théories, récitait le littéral dans la perfection, et, par ses intonations, savait faire ressortir les merveilles du texte. Dans ce temps, l'avenir dépendait plus de la mémoire que de l'intelligence. Il allait décrocher les premiers galons, lorsqu'on vint à demander des cavaliers de bonne volonté pour aller en Afrique. Un horizon nouveau lui apparaissait ; il se fait porter, est accepté par le général inspecteur, s'embarque à Marseille, débarque à Mers-el-Kébir, est immatriculé au 2e chasseurs d'Afrique. Six mois après, en vertu de l'ordonnance du 2 novembre 33, il passe brigadier, prend part à l'expédition du Kiss, où il est porte-fanion du général. Après Laghouat, il est nommé maréchal des logis et continue à se faire remarquer par sa bonne humeur, son exactitude dans le service. De plus, il réunissait les deux conditions qui faisaient alors la force des soldats travaillant sans trêve ni repos à la conquête et à la colonisation : insouciance du danger et coffre solide.

En Crimée, il a ses hommes dans la main, aussi bien à la Tchernaïa que dans la vallée de Baïdar et sur le plateau de Kasach. Pendant le grand hiver, il fait fondre, à la vapeur de la marmite, les glaçons de sa barbe avant de présenter, à l'appel de trois heures, par 25 degrés de froid, les harnachements de son peloton astiqués à la gourmette, les pantalons de cheval cirés à l'ail. « Ce peloton, disait le capitaine commandant, est une botte vernie dans les reflets de laquelle on pourrait se raser. »

Il est désigné pour faire partie des chasseurs à cheval à leur création. A Compiègne, comme en Afrique et en Crimée, il est toujours considéré comme un serviteur modèle. Excellent camarade, il n'en aime pas moins aller en découdre de temps en temps, au manège, avec un ami et change facilement son tour de garde quand cela peut faire plaisir à un autre sous-officier. Il est médaillé à Turbigo.

En 1861, le régiment en garnison à…. fait une réception à un bataillon de tirailleurs algériens se rendant au camp de Châlons. Les maréchaux des logis reçoivent les sergents et, comme toujours, font les choses grandement. Rien ne manque à la fête : absinthe, diner, séjour prolongé au café.

Les turcos sont ravis de trouver une pareille urbanité. Abd-el-Kader, au nom de ses camarades, a la galanterie de reconnaitre qu'il n'a jamais rien vu de pareil d'Oran à Tlemcen.

Et la fête continue. En ce temps-là, on s'amusait beaucoup, sans jamais manquer à son service.

Puis, il est décidé qu'on fera flamber une auberge pour terminer dignement la soirée. C'est un feu de joie en l'honneur des braves enfants du désert.

Pistolet a une inspiration heureuse pour éviter cette folie. Il demande la parole et harangue, dans la langue sabir, les turcos enthousiasmés. On n'entend que des « machi-mélé, barca, besef, bono, fissa, ró, andar, zep, zop, etc. »; on porte en triomphe l'orateur qui propose d'aller réveiller le patron du café pour prendre une dernière marquise. On n'a rien à lui refuser. Et voilà comment un peu de bon sens a empêché de braves garçons de faire une bêtise.

Depuis cette réception, on remarque les absences suivies de Pistolet à la pension. Puis, un beau jour on apprend qu'il a dîné chez la propriétaire dont il a sauvé la maison et que là, on l'appelle « Monsieur ».

Le lendemain matin, après le pansage, les sous-officiers de l'escadron se réunissent dans la chambre. Le plus ancien, qui était décoré et avait sur la poitrine toutes les médailles de la Saint-Jean, ferme la porte et met la clef dans sa poche.

— Pistolet, il court de singuliers bruits sur ton compte. On prétend que tu manges autre chose que le pain de munition. Est-ce que tu vas tenir l'auberge du *Sou d'argent* ? Si nos renseignements sont inexacts, chacun de nous est disposé à te rendre raison. Tu n'as que l'embarras du choix. Mais si tu as compromis l'uniforme du régiment, le numéro de l'escadron et tes camarades, il ne te reste plus qu'une chose à faire. Tu sais où est ton pistolet ; voici une cartouche.

— Vous êtes parfaitement renseignés et je ne me ferai pas sauter le caisson. Voici pourquoi. J'ai là, dans ma poche, douze billets de cent francs que je porte chez le trésorier pour payer mon remplaçant et, avant deux jours, j'espère vous avoir débarrassés de ma présence.

Un mois après, on célébrait à l'église le mariage de Désiré (François-Alphonse) avec demoiselle Crèvecœur (Malvina), logeuse. Le nouveau patron avait donné campo au personnel, à qui il offrait un diner sur l'herbe dans la forêt. Grâce à son intelligence, à ce qu'on est convenu d'appeler le talent d'assimilation, il se mit rapidement au courant des us et coutumes de la maison. Les militaires se donnaient tous le malin plaisir de ne payer les consommations qu'entre les mains du bourgeois, qui surveillait le bon fonctionnement d'un établissement très achalandé dans la garnison.

Deux ans après, il vend son fonds, se retire dans une charmante petite campagne sur les bords du Loing. Il se donne comme un ancien

marchand de bestiaux et le ménage fait l'admi-
ration de la population par sa charité, son
maintien à l'église. Ils rendent le pain bénit
et suivent la procession. Enfin, la nostalgie
de sa cambuse empoigne Malvina qui, quinze
mois après sa retraite, rend sa belle âme à
Dieu en laissant deux cent mille francs à son
cher époux.

A mesure que les Prussiens approchent de la
contrée, la terreur se met un peu partout.
Désiré relève les courages abattus, crée une
compagnie de francs-tireurs qu'il dresse militairement et dont la bonne réputation ne tarde
pas à s'établir solidement à la suite de quelques
engagements avec les patrouilles ennemies.
Bientôt il part avec sa troupe pour rejoindre
l'armée de la Loire, se distingue d'une manière
toute particulière au combat de Beaugency. Ses
francs-tireurs sont cités à l'ordre de l'armée
pour leur belle conduite et, quelque temps après,
le général envoie son officier d'ordonnance féliciter leur vaillant commandant.

— Vous êtes proposé pour la croix. De plus
le général vous a nommé officier au titre de

l'armée active. Mais où donc vous ai-je vu? Votre figure ne m'est pas inconnue!

Le soir même, Désiré sort du cantonnement pour aller donner quelques ordres à un avant-poste. Le lendemain, on le trouve sur la lisière du bois, la tête fracassée par la balle d'un pistolet d'ordonnance.

Son nom est incrusté sur le marbre du monument élevé dans le cimetière en l'honneur des enfants du pays morts pour la patrie.

Il avait pensé que cette mort le purifierait des faiblesses qui, à ses yeux, ne lui permettaient pas de rentrer dans l'armée.

Pourquoi diable a-t-il voulu se faire cambusier, lui qui avait autrefois en horreur les mercantis de toutes sortes?

Pauvre Pistolet!

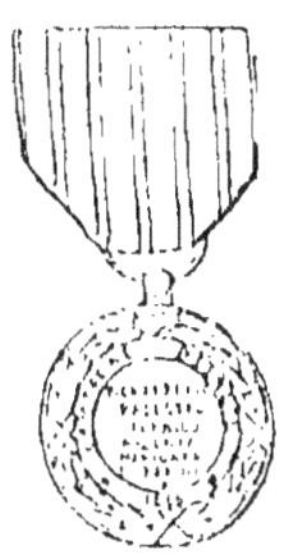

CHAPITRE V

SOUS METZ

Avant. — La dernière bataille. — Le Caporal. — Le dernier jour de
Metz. — L'occupation. — Le mot de la fin.

AVANT

De 1859 à 1870, beaucoup d'eau a passé sous
le pont de la Concorde et le Gouvernement
s'est enfin décidé à donner satisfaction à mes
supérieurs en me nommant sous-lieutenant.
Combien de fois m'a-t-on dit : « Mais enfin
qu'est-ce que vous avez donc fait pour ne pas
avoir décroché l'épaulette plus tôt ? »

Ma réponse peut se résumer ainsi : j'ai toujours fait régulièrement mon service et vécu à
une époque où l'avancement ne se gagnait pas
au pas de course. J'ai eu pour camarades des

fils de gros bonnets qui n'ont pas été plus favorisés que moi. Lorsqu'on était porté sur le tableau, on y restait quelquefois cinq ou six ans et l'on s'estimait bien heureux quand, au bout de 10 ou 12 ans de présence au corps, le colonel vous annonçait que l'on était enfin promu.

Je crois que je ne serai pas démenti en disant que l'instruction et la discipline ne souffraient pas de cet état de choses. Je n'en félicite pas moins les sous-officiers actuels de ne pas être condamnés à marquer le pas comme nous le faisions entre deux campagnes.

J'arrive maintenant à parler de la seule époque douloureuse de ma carrière militaire.

En 1870, lors de la déclaration de guerre, mon escadron était détaché à Sarreguemines. On ne s'ennuyait pas dans cette petite ville frontière où tout le monde faisait des projets pour l'ouverture de la chasse. Les poissons de la Sarre et de la Bliese étaient délicieux et l'on mangeait bien dans les auberges de Gross, de Klein, de tous les Bliederstroff possibles. La bière était excellente en Prusse et en Bavière, dans les provinces rhénanes, s'entend ; on y faisait honneur. Nous connaissions la frontière comme la main. Les excursions se multipliaient au delà des limites de la garnison. On prenait plaisir à respirer l'air des pays étrangers, qui n'était pas alors une atmosphère contaminée. Je faisais un temps de trot jusqu'à Saarbruck et me donnais le plaisir d'étudier la tenue, les manœuvres, les mœurs du régiment de ulans qui y tenait garnison.

Nous vivions donc dans les délices de la choucroute tout en profitant des bienfaits de la paix.

A la fin de juin, il y eut une grande cérémonie internationale à propos de l'inauguration du pont du chemin de fer jeté sur la Sarre. Les couleurs de la Prusse s'alliaient à celles de la France pour abriter les administrateurs de la Compagnie du chemin de fer de l'Est et les fonctionnaires du roi Guillaume. Un banquet officiel réunit ensuite, à Saarbruck, les autorités des deux nations amies.

Le lendemain, on racontait que des propos malveillants contre la France avaient été tenus. Cet incident à la frontière, n'ayant pas été grossi par la presse, n'eut pas d'autre conséquence. Du reste, les Prussiens que l'on rencontrait chaque jour, donnaient l'assurance qu'un nouveau congrès de la paix allait se réunir à Berlin. Malgré ces belles démonstrations, on avait comme un vague pressentiment de ce qui allait bientôt arriver.

Au commencement de juillet, le général de Failly arrive à Sarreguemines en tournée d'inspection du corps d'armée à la tête duquel il était placé. Ne pouvant faire manœuvrer l'unique et faible escadron qui composait la garnison, il explore les environs pour bien se rendre compte des positions susceptibles d'être employées en vue d'une guerre offensive ou défensive.

Avec ses officiers d'ordonnance, il part dans un landau et, la carte d'état-major déployée dans la voiture, on reconnait les bords de la rivière, indiquant toujours au cocher la route à suivre, sans jamais lui demander un renseignement. Il est vrai que l'automédon aurait pu répondre : « Vous savez bien mieux que moi par où il faut passer, puisque vous avez le livre à la main. » Cette réponse m'a été faite plus d'une fois, au beau milieu de la France, par des paysans que j'interrogeais pendant les exercices du service en campagne.

Le soir, un dîner officiel réunit, à l'*Hôtel de Paris*, les autorités civiles et militaires. En parlant de l'inspection qu'il venait de passer à Metz, le général assure que « les armées du monde entier n'entreront jamais dans cette place ». Puis la conversation tombe sur l'excursion de la journée ; tout le monde est obligé de reconnaître que l'on avait pris les bords de la Bliese pour ceux de la Sarre. On n'en dîna pas moins fort bien. Le lendemain, le cocher, que des indiscrets avaient osé interroger, riait dans sa barbe en parlant de la suffisance des hommes de guerre, qui ne lui avaient pas permis de dire un mot pour leur faire comprendre leur erreur. Il est vrai que le bonhomme avait une fille mariée de l'autre côté de la Sarre et que, depuis quelques jours, son gendre venait lui faire de nombreuses et longues visites.

Le 18 juillet, l'escadron reçoit l'ordre de se retirer sur Metz en s'éclairant à droite ou à gauche, je ne me rappelle plus au juste ; deux heures après, nous quittions Sarreguemines après avoir fait aiguiser nos lattes à la manufacture Haffner. La population a certainement dû nous accompagner de ses vœux ; quant à son enthousiasme, il nous a paru très réfléchi.

Deux jours après, nous rallions le régiment à Metz pour faire partie du 4ᵉ corps, commandé par le général de Ladmirault. Puis, nous partons pour Thionville. On campe par-ci, par-là, et avec une chaleur sénégalienne, il est assez difficile de ne pas souhaiter le moment où l'on pourra dire bonsoir au soleil disparaissant derrière les grands arbres. Les journaux nous apportaient la nouvelle des marches et contremarches, les bulletins de victoires de notre corps d'armée. On riait beaucoup de ces indiscrétions de la presse, d'autant plus qu'il n'y avait pas encore eu un seul engagement, que l'ombre d'un soldat prussien nous était inconnue. Les nuits se passaient bien entendu sur la terre, mais sur la terre ferme, avec un sac et une couverture pour lit. Cette couche rudimentaire me reportait au beau temps des campagnes d'Afrique, de Crimée, d'Italie. Et puis, après tout, on n'avait pas les côtes en long.

Au moment de notre départ, on se préparait à l'inspection qui devait être passée par le terrible général baron de Bonnemains, dit Bonne-Poigne. Les officiers avaient les fameux pistolets d'ordonnance. Du jour où l'on est entré en campagne, il a fallu les remplacer par le revolver. Lepage, à qui j'avais écrit pour le prier de m'en envoyer immédiatement un, m'a répondu que les armuriers de Paris tentaient des démarches auprès du ministre de la guerre pour les autoriser à faire parvenir les commandes qui leur étaient faites par les officiers. Après bien des pourparlers, l'administration a dû baisser pavillon et les envois ont eu lieu.

J'ai eu mon revolver dans des conditions assez curieuses. On allait de Thionville à la frontière et *vice versâ*; dans tous les endroits où je trouvais une gare, je m'empressais de demander s'il n'y avait pas un colis à mon adresse. Rien.

Lors d'une reconnaissance sur Boulay, je suis chargé de l'arrière-garde et ne ménage pas mes reproches à un sous-officier qui a mis pied à terre pour entrer dans un cabaret. Il n'est pas content. A environ 400 mètres de là il veut pourtant bien me dire que dans ledit cabaret, il a vu une boîte à mon adresse. Je fais demi-tour et rapporte le revolver tant désiré. Comment était-il arrivé là ? Je ne m'en suis jamais occupé, d'autant plus que je ne comprenais pas même la démonstration platonique que l'on nous faisait faire du côté de la frontière.

Depuis Metz jusqu'à mon départ pour la captivité, j'ai couché sous la tente, et ai été fort étonné, en arrivant en Allemagne, lorsque je me suis glissé dans les draps ; j'en avais complètement perdu l'habitude.

Dès les premiers jours de l'entrée en campagne, nous avons eu de grandes chaleurs. On ne respirait vraiment que vers les trois heures du matin, lorsque la diane battait dans le camp.

A Thionville, les trains arrivaient de cinq minutes en cinq minutes. Les régiments débarquaient et se rendaient au bivouac en chantant la *Marseillaise.*

A ce propos, je me rappelle qu'un vieux curé

est venu visiter notre camp. Comme quelqu'un lui demandait s'il connaissait l'air de la *Marseillaise*, le brave homme s'est mis à entonner les strophes de Rouget de l'Isle. Il s'anime et entraîne l'auditoire ; nous étions complètement enlevés. Puis, nous montrant une petite chapelle située à quelque distance : « Mes amis, quand vous reviendrez par ici, nous irons làbas chanter le *Te Deum* et remercier Dieu du succès qu'il a donné à vos armes. »

Il comptait sans la Providence, qui nous avait tourné le dos pour aller se ranger du côté des gros bataillons.

Pendant ce temps-là, je faisais replanter les cordes des chevaux, enfoncer les piquets et vivais de grandes espérances. Mon régiment, mon escadron, mon peloton se couvriraient peut-être de gloire. Avec un peu de chance on arriverait au bon moment. Au commencement de cette campagne, on nous a distribué beaucoup de cartes, du reste inexactes, de la rive droite du Rhin, des provinces rhénanes, même de la Bavière.

Les officiers supérieurs recevaient, chaque

jour, des brochures, des livres, des collections d'ouvrages sur la manière de battre les Prussiens, sur ceci, sur cela, sur beaucoup d'autres choses encore.

LA DERNIÈRE BATAILLE.

Le 17 août, le 4ᵉ corps quitte Doncourt et se porte sur Amanvillers pendant que le 6ᵉ va s'installer à Saint-Privat-la-Montagne.

Toutes les voitures de bagages sont mises en réquisition pour aller chercher des vivres et des munitions à Metz. Les officiers qui, en trois jours, viennent d'assister à deux batailles sanglantes, Borny et Rezonville, ne s'imaginent pas qu'un drame du même genre peut encore se dérouler d'une minute à l'autre. Quelques-uns quittent les bivouacs pour aller faire des provisions dans les villages voisins.

Le 18 au matin, les Allemands commencent l'attaque des lignes d'Amanvillers au moment où tout le monde était dans la plus grande sécurité au camp français. Les obus tombent au milieu de nous. La cavalerie se porte au galop en avant pour donner à l'infanterie le temps de prendre les armes. Tout est abandonné dans

les bivouacs où le feu flambe sous les marmites.
L'ennemi est repoussé une partie de la journée;
vers six heures, il reçoit des troupes fraiches.
Une attaque désespérée a lieu sur notre droite
où le corps du maréchal Canrobert est obligé
de battre en retraite. L'infanterie n'avait plus
une cartouche, l'artillerie un obus. La brigade
de dragons du 4e corps est mise à la disposition
du 6e, placée à gauche de Saint-Privat, derrière
une batterie de douze qui n'a plus que quelques
coups à tirer. Je préférais la charge du 16 à
cette immobilité. La mitraille tombe sur la
batterie comme la grêle; le commandant, un
grand gaillard qui porte monocle, va d'une
pièce à l'autre; il est tout simplement sublime.
Les dragons restent alignés sous le feu qui les
fauche, puis exécutent, au pas, une retraite par
échelons, avec accompagnement d'éclats d'obus
en arrière et en avant. Pendant ce temps, Canrobert a mis pied à terre; avec la lorgnette à la
main, il va partout où le feu de l'ennemi fait le
plus de ravages. Il est beau au milieu de ce terrain labouré par les projectiles. Les arbres sont
brisés autour de lui, des milliers de cadavres

amoncelés à ses côtés. Il est aussi calme que sur un Champ de Mars.

Les Saxons et la garde royale s'emparent de Saint-Privat qui est en flammes ; nos troupes épuisées ne cèdent qu'au nombre. Puis on bat en retraite pour se retirer sous les forts de Metz jusqu'au jour où nous serons livrés à l'ennemi pour aller remplir les citadelles de la Prusse.

Dans cette journée du 18, le 4ᵉ corps n'avait pas perdu un pouce de terrain. Si la Garde, composée de nos meilleures troupes, était arrivée à 4 heures, nous pouvions remporter une grande victoire.

Sans ordre, les régiments se retirent comme ils peuvent. Il faut avoir assisté à cette retraite pour se rendre compte de toute son horreur au milieu de la nuit, à travers les bois. La panique se répand bientôt sur les routes, chemins, sentiers encombrés de voitures, de bagages. Dans l'obscurité, les trompettes et clairons sonnaient le refrain du régiment. Le désordre était complet, chaque homme s'en allait droit devant lui, artilleurs, cavaliers, fantassins tous mêlés. On marchait sur un blessé, on heurtait un cadavre.

Les malédictions sortaient de toutes les bouches. Puis, on rencontrait les débris d'un régiment, on demandait des nouvelles d'un ami, la réponse était invariable : tué.

La panique était aussi grande dans l'armée prussienne ; c'est ce qui explique pourquoi notre retraite a pu s'exécuter. Quelques officiers voulaient retourner dans les bivouacs du matin pour y chercher des effets précieux abandonnés. Défense formelle.

Le 19, à 11 heures seulement, les Allemands prenaient possession, à leur grand étonnement, du campement d'Amanvillers qu'on aurait pu facilement réoccuper la nuit.

Dans cette journée du 18, l'action a été des plus meurtrières des deux côtés. Dans leurs rapports, les Prussiens ne cherchent pas à dissimuler les pertes qu'ils ont éprouvées. Leurs bataillons des chasseurs de la Garde souffrirent le plus ; 50 officiers furent tués et aucun ne sortit du combat sans être blessé. Les pertes de la troupe s'élevèrent à peu près à la moitié de l'effectif. Le lendemain matin seulement le roi reconnut les grands résultats de cette bataille sanglante dont le succès était en proportion des sacrifices qu'il avait coûtés.

L'ennemi trouva dans les tentes françaises non seulement des lits, des chaises, des fauteuils, mais même çà et là des tapis, des rideaux, des meubles de toilette compliqués, des eaux et des huiles de senteur, en somme, des *impedimenta* de toute sorte; cela seul explique, jusqu'à un certain point, pourquoi l'armée royale se mouvait bien plus rapidement et facilement que la nôtre.

J'ai dit, en commençant, qu'un des mérites de ce livre était qu'on n'y trouverait des récriminations d'aucune sorte.

Il est pourtant bien difficile de parler de la bataille de Saint-Privat sans donner son opinion sur la conduite du général en chef. Comme je tiens à rester dans le cadre que je me suis tracé, je tourne la difficulté en empruntant au *Journal d'un officier de l'armée du Rhin* un jugement porté par un des généraux les plus remarquables de notre époque sur la conduite du maréchal Bazaine. « Le maréchal, dit le général Fay, était « rentré à son quartier général de Plappeville,

« sans songer à franchir au galop les six kilo-
« mètres qui le séparaient d'Amanvillers. On
« ne peut, en vérité, donner d'autre raison de
« son éloignement d'un champ de bataille sur
« lequel se trouvaient le roi, le général de
« Moltke et deux armées prussiennes, qu'en
« disant simplement qu'il ne dut pas se douter
« de l'importance de cette bataille. »

Jamais je n'ai eu aussi chaud que dans cette
journée, où j'ai vu des hommes de mon peloton
abîmés par la mitraille qui arrivait de tous les
côtés. On n'en restait pas moins immobile, au
port du sabre, attendant avec impatience le moment où l'on pourrait charger.

Je me souviens encore du mot d'un sous-
officier ayant le marmouset de son casque
enlevé par un éclat d'obus. « Mon lieutenant,
on n'est pas à la noce ici. »

Cette bataille m'a paru beaucoup plus terrible que celles des jours précédents, parce que
nous n'y avons pas pris une part active au point
de vue du choc. Le spectacle était grandiose ; il
montrait la guerre dans toute son horreur.
Jamais une armée n'a tenu comme la nôtre. Si

elle a cédé le terrain, c'est devant des forces considérables que l'ennemi savait amener successivement sur le champ de bataille.

Le lendemain, Metz était encombré de blessés. Je ne m'arrêterai pas plus longtemps à ces souvenirs et, pour parler de la bataille de l'avant-veille, je consacrerai un chapitre à mon cheval, à mon excellent *Caporal*.

LE CAPORAL

Des chevaux que j'ai eus comme officier, je ne parlerai que d'un seul. Celui-là a gardé dans mes souvenirs une grande place, parce que son histoire est liée étroitement à celle de mes angoisses pendant le siège de Metz.

Il répondait au nom de *Caporal*.

Je l'avais pris à la remonte. Il avait cinq ans, était bai et répondait au nom de *Caporal*.

Dès que je parle de lui, l'émotion me saisit, les larmes emplissent les yeux ; toute ma pensée se reporte à cette période terrible de ma vie pendant laquelle j'ai combattu sous les murs de Metz pour voir l'armée livrée aux Allemands, le 29 octobre.

Depuis le milieu de juillet jusqu'au 16 août, le régiment a fait la navette entre Metz et Thionville, poussé quelques reconnaissances bien inoffensives du côté de la frontière, pour rentrer au bivouac, sans avoir eu à supporter de sérieuses fatigues au point de vue du service en campagne.

Le *Caporal* se conduisait bien dans ces marches. Il avait été quelque peu éclaboussé, le jour de Borny, par la terre qu'un obus avait soulevée à quelques pas de nous.

Le 16 août, au matin, je suis envoyé en reconnaissance. Je la pousse assez loin, osant m'écarter de la colonne de près de deux kilomètres. C'était de l'audace, de l'indiscipline même. Comme je préférais opérer pour mon compte au lieu d'entendre le refrain qui nous abrutissait depuis le premier jour au sujet de.

l'observation des distances et de la régularité du paquetage, je m'étais donné de l'air pour questionner les paysans qui tous nous annonçaient la présence de l'ennemi.

En rentrant dans la colonne, mon premier soin, comme c'était mon devoir, fut de rendre compte de ma mission. On me ferma immédiatement la bouche en me disant que j'avais « du Prussien dans l'œil » et que mon cheval avait chaud. On sait ce qui est arrivé quelques heures après.

C'est là, dans la charge du 16, que j'ai su apprécier les brillantes et solides qualités du *Caporal*. Au milieu de la mêlée, dans laquelle s'entrechoquaient dragons, hussards, lanciers de la garde, les cavaliers de sept régiments prussiens, le *Caporal* était admirable. Il obéissait à la voix, faisait des voltes et des demi-voltes, passait partout, n'était effrayé ni du cliquetis des sabres ni des coups de feu. Là, chacun travaillait pour son compte et sa peau. La note gaie se faisait entendre au milieu de ce massacre : « Allume ! allume, Vigoureux ! » me criait un de mes camarades aux prises avec un énorme

Au milieu de la mêlée dans laquelle s'entrechoquaient dragons, hussards, lanciers... (Page 216.)

cuirassier ennemi à qui il ne tardait pas à faire mordre la poussière. Si j'ai échappé à la mort dans cette journée, c'est bien grâce au *Caporal,* et tous deux nous avons quitté le champ de carnage à la sonnerie du ralliement sans avoir une égratignure. Le soir, il avait une bonne ration d'avoine après avoir bu un seau d'eau que j'avais mis plus d'une heure à trouver.

Après le 18, nous sommes rentrés sous les murs de Metz où les chevaux ont mangé le blé jusqu'au jour où ils ont pris le chemin de la boucherie pour nourrir l'armée. Chaque matin, les cordes se dégarnissaient et, à partir d'octobre, quelques chevaux d'officiers marquaient seuls l'endroit de ce qu'on appelait encore le bivouac de la division de cavalerie du 4e corps.

Par habitude, on sonnait la distribution. L'adjudant-major réunissait la corvée, l'adjoint au trésorier fournissait le bon de vivres et l'on renvoyait les hommes; il n'y avait pas un morceau de biscuit, une botte de foin à l'administration. Pendant les derniers mois du blocus, ma solde, mes économies, ont passé en grande partie à la nourriture de mon cheval, mon cher et bon *Caporal*, mon ami, mon confident.

Au milieu de nos souffrances, de nos longues journées de découragement, combien de fois ne suis-je pas venu près de toi pour chercher, par mes caresses, à te faire prendre un peu patience en attendant une nourriture qui n'arrivait pas toujours ! Comme j'étais heureux quand je te donnais les feuilles arrachées aux vignes et aux haies, que mon ordonnance allait quelquefois chercher près des avant-postes de l'ennemi !

Avec quelle joie aussi je te présentais une botte de paille trouvée dans un village. Tu me devinais de loin. Tes hennissements me faisaient vite oublier mes fatigues. Comme j'étais heureux lorsqu'en arrivant près de toi, tu grattais la terre et reposais ta tête sur mon épaule ! Je ne pensais plus que j'avais couru une demi-journée pour me procurer une gerbe achetée au poids de l'or.

Je me rappelle encore ta grimace la première fois que je t'ai donné un morceau de tourteau de colza dont je gardais précieusement le reste sous ma tente.

Malgré mes soins tu dépérissais et restais
seul à cette corde où, trois mois auparavant,
étaient entravés les 26 chevaux de mon peloton,
tous en bon état. Quelques-uns sont tombés à
Gravelotte, à Saint-Privat, d'autres sont morts
d'inanition. Le reste a été traîné à la boucherie

où les pauvres bêtes n'avaient pas toujours la
force d'arriver.

Je ne t'ai jamais perdu de vue un seul instant
et ai tout fait pour te sauver. Le 29 octobre, tu
étais encore sur pied ; je t'ai seulement abandonné lorsqu'il nous a fallu, dans la boue, sous
la pluie battante, nous rendre prisonniers.

Que de fois je me suis retourné pour te voir encore ! Je suis revenu pour te donner une dernière caresse. Les tentes du bivouac étaient en feu et je ne t'ai pas retrouvé.

Je t'aimais bien, mon cher *Caporal,* et tu le méritais.

LE DERNIER JOUR A METZ

Le protocole de la capitulation de Metz, signé le 27 octobre, au château de Frescaty, par les généraux Jarras pour la France, Stiehle pour la Prusse, porte : « Art. II. La forteresse et la ville de Metz avec tous les forts, le matériel de guerre, les approvisionnements de toute espèce, et tout ce qui est propriété de l'État, seront rendus à l'armée prussienne dans l'état où tout cela se trouve au moment de la signature de cette convention. Samedi, 29 octobre, à midi, les forts Saint-Quentin, Plappeville, Saint-Julien, Queuleu et Saint-Privat, ainsi que la porte Mazelle (route de Strasbourg), seront remis aux troupes prussiennes. »

L'article III a rapport à la livraison des armes, drapeaux, aigles, etc. Le 29, à midi, les Prussiens occupaient la porte Mazelle et les forts. La veille, les armes avaient été portées dans les forts et magasins. Quant à l'artillerie, la désorganisation systématique de l'armée avait commencé par elle. Depuis longtemps, le général en chef avait pris soin de faire rentrer le matériel à l'arsenal. Bien des semaines avant la capitulation, les batteries ne comptaient plus qu'une pièce ou deux. On se dépêchait ; il fallait arriver au plus vite à ce jour terrible, à jamais néfaste.

Les drapeaux et les aigles! on sait ce qu'ils sont devenus. Quelques-uns ont été brûlés, d'autres partagés en lambeaux et donnés aux officiers. 54 sont arrivés à Berlin.

Le 29, au matin, beaucoup de régiments n'avaient pas encore exécuté les ordres concernant le désarmement. Le troupier qui devait porter son fusil, son sabre à Plappeville ou autre point, s'en débarrassait en route, les jetait dans le fossé.

Ces affreux préliminaires de la captivité terminés, les régiments se rendirent aux endroits désignés par l'état-major prussien, Ladonchamps, Mézières-lès-Metz, Moulin, etc., etc. Le terrain était détrempé. La pluie, qui ne cessait de tomber depuis un mois, inondait le soldat et se mêlait à ses larmes. On avan-

Un ulan indiquait le point de conversion. (Page 228.)

çait difficilement. Les divisions, brigades, régiments se croisaient. On aurait cru qu'il était impossible d'arriver au calvaire de notre honte.

Quelques-uns d'entre nous conservaient un peu d'espoir, comptaient sur le ciel, sur la Providence, sur un miracle. Ils étaient vite rappelés à la réalité en voyant les colonnes prussiennes longer les coteaux menant aux forts, réputés imprenables, de Metz-la-Pucelle, passer les ponts-levis, enseignes déployées et planter bientôt, aux quatre coins de nos formidables citadelles, le drapeau noir et blanc de la Prusse.

Des milliers d'armes, des paquets de cartouches, des tambours crevés, des instruments de musique, des cantines, jetés dans les fossés, sur la route, étaient là comme les tristes épaves de notre honneur, comme l'anéantissement de nos espérances si fiévreusement entretenues dans nos cœurs, systématiquement et matériellement combattues par le commandement.

« Prenez donc ces armes, semblaient nous

crier des voix intérieures. Courez à Metz; ne ratifiez pas cette honteuse capitulation dont le souvenir pèsera toujours sur votre pays. » Et le triste cortége poursuivait sa marche difficile, saluant d'un dernier regard canons et mitrailleuses des forts rendus à l'ennemi, devenus muets par la volonté d'un seul homme.

Bientôt on rencontre les Prussiens, qui forment un long cordon sur la lisière des bois. Ils offrent à nos troupiers du tabac et des cigares. Des voitures chargées de viandes fraîches sont arrêtées de distance en distance. Avec des échalas de vignes, nos soldats creusaient le sol pour y arracher des racines, des pommes de terre et calmer leur faim, comptant peu, et avec raison, sur les quartiers de moutons et de bœufs si prodiguement étalés sur leur passage.

Les hommes, conservant leurs effets et objets de campement (tentes, couvertures, marmites), défilèrent devant l'armée ennemie. Un cavalier, un ulan indiquait le point de conversion, et, quelques pas plus loin, à un changement de direction, les chefs de corps remettaient à un général allemand l'effectif des troupes qu'ils avaient commandées.

D'après le 2ᵉ paragraphe de l'article IV du protocole, les officiers avaient conservé leurs sabres et accompagné militairement leurs hommes. Au moment de se séparer, que de pleurs et de serrements de main ! Plusieurs voyaient partir des frères, des amis dévoués. On quittait un brave qu'on avait vu agir vigoureusement le jour du combat, celui-ci vous avait sauvé d'une embuscade, celui-là avait partagé avec vous son bidon et son biscuit.

On regardait avec rage et douleur cette armée victorieuse. Des chevaux magnifiques, à pleine peau, richement harnachés, piaffaient là, devant nous, et nous faisaient penser à nos pauvres bêtes que nous avions vues mourir de faim.

L'attitude des Prussiens était digne. Aucune démonstration bruyante. Les hommes embrassaient leurs officiers qu'ils ne pouvaient quitter, et leur faisaient mille recommandations. Un lieutenant-colonel s'approche d'un groupe pour l'engager à se séparer. « Laissez-les encore, dit un général prussien, c'est beau, c'est beau. »

Après avoir conduit leurs troupes, les officiers rentrèrent dans l'intérieur du camp retranché sous Metz.

A chaque pas, on rencontrait des chefs de l'armée victorieuse. Ils examinaient les redoutables positions, encore le matin en notre pouvoir, semblaient étonnés de se trouver sur ce terrain sans y avoir brûlé une cartouche pour le conquérir. On découvrait la vallée de la Moselle, un rempart, Metz bien gardée par ses cinq forts, Metz la ville imprenable. De ces hauteurs on voyait les anciens bivouacs. Là était encore une tente debout; plus loin une autre brûlait. Quelques voitures de bagages étaient abandonnées. Des chevaux, qui avaient du souffle pour quatre ou cinq heures, restaient aux cordes. D'autres passaient près de nous, pouvant à peine se traîner, et allaient tomber inanimés dans la boue du fossé.

A six heures du soir, brisés par les émotions et la fatigue, les officiers étaient rentrés dans Metz, et cherchaient en vain à se loger. On avait compté sans les vainqueurs déjà installés dans les hôtels où ils lisaient, avec étonnement, l'inscription placée sur les glaces depuis plus de six semaines :

ON EST PRIÉ D'APPORTER SON PAIN.

Sur la place d'armes, celle où se trouve la statue de Fabert, les tambours battaient, les trompettes sonnaient, les musiques jouaient l'air national, et toutes ces fanfares cruelles, sous une pluie battante, ne cessèrent qu'à minuit.

Le 30 octobre, Metz était entièrement occupée. Les habitants regardaient avec une sorte d'étonnement la volaille, la viande de boucherie, le beurre, les légumes, toutes les provisions dont on était privé depuis si longtemps, et que les *mercanti* à la suite de l'armée prussienne apportaient à profusion.

On s'arrêtait au coin des rues pour lire la proclamation du gouverneur, le général von Kummer. Une affiche, qui fit grand plaisir aux prisonniers, fut celle où l'on annonçait à

MM. les officiers français « qu'un convoi extraordinaire pour 500 personnes partirait à cinq heures de la gare Serpenoise pour l'Allemagne (voie Mayence) ». On les engageait à apporter de quoi s'asseoir, l'administration ne pouvant mettre à la disposition de l'autorité un assez grand nombre de wagons de voyageurs, et le maire ayant déclaré qu'il lui était impossible de fournir des sièges pour ces transports. La perspective de voyager dans des compartiments à charbon ne nous inquiétait guère. On ne demandait qu'à quitter au plus vite cette malheureuse cité, si vaillamment défendue autrefois contre Charles-Quint, à ne pas assister plus longtemps au triomphe d'une armée qui avait pour elle « Dieu et la Providence ».

Tous les officiers ne purent évidemment pas trouver place dans ce premier train. Le 3 novembre seulement, entassés dans un wagon de bestiaux avec une quarantaine de camarades de toutes armes, d'ordonnances, de bagages, un train nous emmenait en Allemagne. Personne ne connaissait encore le lieu de son internement.

Le même jour, le prince Frédéric-Charles, avec 200,000 hommes, se mettait en marche pour aller renforcer l'armée d'investissement autour de Paris.

L'OCCUPATION

Le 29 au soir, les hôtels de Metz étaient envahis par les officiers prussiens munis de billets de logement. On a de la peine à leur faire comprendre que toutes les chambres sont prises, qu'on a refusé plus de 300 personnes, etc. Ils s'installent en maîtres.

Enfin cette journée du 29 octobre est finie. Quel siècle! Il faut avoir assisté à ce qui s'est passé ce jour-là pour comprendre ce que le cœur peut renfermer de douleur et de haine. Il y a eu des actes de désespoir et de folie. On est même étonné qu'il n'y en ait pas eu davantage. Quelle honte pour l'armée du Rhin! Et nos soldats que devenaient-ils pendant cette nuit affreuse? Tous avaient-ils pu recevoir des vivres; n'allait-on pas les fatiguer par des marches forcées pour les faire arriver plus rapidement au lieu de leur internement? On pensait toujours au parti qu'on aurait pu en tirer, à leur bonne volonté, à leurs souffrances.

L'abondance qui revenait dans cette malheureuse cité, ne pouvait faire oublier la misère des derniers temps. La moitié de la population était en deuil, pleurait des enfants, des parents, des amis, enlevés par le feu ou la faim. Les musiques allemandes ne cessaient de jouer leur hymne national. La cathédrale couvrait de son ombre vainqueurs et vaincus, pendant que les femmes en pleurs se pressaient dans la nef pour prier Dieu de ne pas nous abandonner. Que de fois, j'ai vu entrer dans l'église des soldats qui, cachés derrière les piliers pour ne pas faire voir leur désespoir, venaient prier pour leur France bien-aimée, pour leur malheureuse patrie !

Une mortalité effrayante a frappé les enfants pendant le siège. Le lait, le sucre, tout ce qui était nécessaire à leur alimentation n'existait qu'à l'état de souvenir.

On était singulièrement agacé par le va-et-vient des troupes allemandes, qui ne cessaient de déboucher par toutes les rues. Les officiers français s'accostaient tristement. Quand on rencontrait un Prussien, on se collait près du mur de peur d'être coudoyé. Il faut rendre aux Germains ce qui appartient aux Germains et avouer que l'ennemi a été, pendant notre séjour, d'une politesse au-dessus de tout éloge. Nous leur devions le salut; toujours ils nous prévenaient.

Un avis affiché sur les murs et commençant par ces mots : « J'ordonne par la présente », prescrivait à tous les soldats qui ne suivaient pas les officiers comme ordonnances, de se constituer prisonniers immédiatement au quartier Chambière. La même prescription fut renouvelée le lendemain et en termes assez énergiques pour ôter à tout réfractaire l'envie de patauger plus longtemps dans la boue de la ville. Le préfet de la Lorraine allemande annonçait qu'il quittait Sarreguemines pour s'installer à Metz. « Mon administration, disait-il, sera celle de toute l'Allemagne, c'est-à-dire justice, tolérance et impartialité. » On sait ce qui s'est passé !

La poste prussienne avait occupé de suite les bureaux de l'administration française et fonctionnait le 1er novembre. Chacun d'écrire alors aux siens pour les rassurer. Les lettres étaient remises ouvertes au guichet où l'on risquait mille fois d'être écrasé avant de pouvoir parvenir à l'employé, qui les recevait d'une main pendant que l'autre tenait un revolver. Dans une salle, on pouvait trier les lettres saisies par l'ennemi pendant l'investissement de la place.

Le défilé des bagages n'a pas cessé un instant pendant le temps que nous sommes restés à Metz : calèches, breaks, paniers, voitures de toutes sortes étaient bourrés d'effets, de lits, de canapés, de fauteuils, de pendules, etc., tout cela abrité sous la croix de Genève.

Les ambulances étrangères, que nous voyions pour la première fois, étaient remarquables par leur confort. Nous nous croyions trop bien préparés à la guerre pour avoir recours à de si précieux auxiliaires. Dans la rue des Clercs, en face l'ambulance luxembourgeoise, des malheureux blessés se ruaient sur une voiture d'où on leur jetait quelques morceaux de pain. C'était pitié à voir ! Ces hommes qui avaient versé leur sang pour la patrie, la plupart estropiés, avaient été abandonnés dans Metz, sans que le maréchal, avant son départ, eût pensé à assurer leur subsistance en les recommandant à la générosité du vainqueur. Les soldats français mendiaient dans la rue, oui mendiaient, pour acheter du pain, pour ne pas mourir de faim. On ne peut s'arrêter plus longtemps au souvenir de ces misères.

Chaque jour, deux ou trois convois emmenaient en Allemagne les officiers prisonniers. Chacun attendait son tour avec une grande impatience. On ne pouvait supporter plus longtemps le spectacle auquel on était obligé d'assister. Les Prussiens s'installaient dans toutes les maisons, envahissaient les boutiques, occupaient les hôtels du haut en bas. Les troupes traversaient continuellement la ville pour se rendre à Verdun ou à Thionville assiégés. A midi, après la parade, trois drapeaux étaient promenés dans la ville au son d'une excellente musique militaire. Des régiments entiers, sans armes, se rendaient dans les arsenaux et dans les forts pour en revenir bientôt avec les chassepots et les sabres-baïonnettes de nos troupiers.

L'Hôtel de l'Europe, où se trouvait le général von Kummer, gouverneur de la place, offrait un spectacle des plus curieux. La cour était remplie de plantons, de postes. Les officiers y arrivaient par foule. On voyait souvent entrer dans cet hôtel Mme Coralie Cahen, cette femme dévouée qui a laissé un souvenir si profond dans le cœur de nos blessés, dans l'armée entière. Elle faisait des démarches continuelles pour obtenir quelques soulagements en faveur des prisonniers. Les malades de Metz n'oublieront jamais cette véritable sœur de charité qui, après avoir donné ses soins à l'administration de son ambulance, allait chaque jour s'agenouiller sur la paille pourrie des tentes et des wagons de l'Esplanade pour panser les plaies les plus dégoûtantes et parler de la patrie, de la famille, du ciel, à ceux qui allaient entreprendre le grand voyage.

Enfin, le jeudi 3 novembre, à cinq heures du soir, partait le dernier convoi. La gare était rigoureusement occupée par des piquets d'infanterie; un factionnaire se trouvait à la porte de chaque wagon. A huit heures, prisonnier des

Allemands, je quittais Metz pour une destination inconnue. Avant le départ, j'avais copié l'inscription qui se trouve sur le socle de la statue de Fabert. Je l'ai lue et relue bien souvent pendant ma captivité. La voici :

Si, pour empêcher qu'une place que le Roi m'a confiée
Ne tombât au pouvoir des ennemis,
Il fallut mettre à une brèche
Ma personne, ma famille et tout mon bien,
Je n'hésiterais pas un seul instant à le faire.

Je la rappelle sans aucun commentaire, me bornant à dire que, de tout temps, le moral d'une armée, c'est-à-dire sa force de résistance, dépend de l'idée qu'on s'y fait des capitulations.

Que n'a-t-on crié, alors, le mot terrible : *Moriamur !* qui, dans l'avenir, doit être la suprême et dernière volonté du chef appelé à commander une armée ?

Engagés volontaires, mes camarades, il faut bien vous mettre dans la tête que le jour où la guerre sera déclarée, la France combattra avec son dernier homme, son dernier fusil, avec son dernier sou. Chacun saura qu'il n'a que le choix entre une mort glorieuse et la cour martiale.

C'est l'enseignement forcé, inévitable de la guerre de 1870-1871.

LE MOT DE LA FIN

A mon retour de captivité, j'ai tenu garnison pendant plusieurs années à Tours et ai été nommé capitaine dans le régiment qui était à Meaux. Trente ans, jour pour jour, après la signature de mon engagement, j'ai demandé ma retraite et ne cesse de penser au bon temps passé dans l'armée; je ne saurais trop le répéter.

Si je n'annote pas l'Annuaire, je m'y intéresse et suis heureux de suivre la marche ascendante de mes anciens chefs, de mes camarades vers les échelons supérieurs de la hiérarchie. Je pense aux périodes diverses de mon existence militaire et cherche en vain, jusqu'en 1870, une ombre au tableau que j'ai toujours devant les yeux. J'ai là le dossier complet de la campagne franco-allemande! A quoi sert de récriminer maintenant? Il faut ne pas oublier. On doit se préparer sagement, sans forfanterie, aux nouvelles épreuves que l'on aura à supporter dans une époque plus ou moins éloignée. L'armée travaille en silence, dédaigne les attaques dont elle est l'objet de la part des inconscients, va droit son chemin, guidée par des officiers en qui elle a une entière confiance.

Je répéterai ici ce que je disais dans un livre publié récemment[1].

Que le pays s'intéresse donc aux choses qui se passent en France, non à celles qui se manifestent chez nos voisins. Nos aspirations ont besoin d'avoir un caractère *sui generis*, de ne pas être une sorte de photographie hybride, défectueuse, quelque chose comme une superstition empruntée aux coutumes des descendants d'Arminius.

Après la guerre, il y a eu un engouement extraordinaire pour l'organisation de l'armée allemande que l'on a voulu appliquer immédiatement à la France. On se préoccupait peu de savoir si l'état politique et social du vainqueur correspondait à nos mœurs, à notre caractère passionnément égalitaire. De là, la cause de cette multitude de changements et de nouveau-

1. *L'Armée française*, 1870-1890. (Paris, Savine.)

tés qui, pendant si longtemps, ont été préjudiciables à la constitution de notre état militaire. Ce qu'il faut emprunter à nos voisins d'au delà des Vosges, c'est leur histoire; on y trouvera un enseignement pour le présent, une leçon pour l'avenir.

En 1806, après ses désastres, alors qu'elle était sous l'œil soupçonneux du vainqueur dont il ne fallait pas réveiller la défiance, lorsque son armée était désorganisée et son matériel de guerre enlevé, la Prusse a eu le privilège de trouver trois hommes, on peut dire trois grands hommes, Yorck, Stein, Scharnhorst, qui ont remis sûrement et sans bruit la nation sur le pied de guerre pendant que Arndt et Fichte parcouraient les villes et les provinces pour réveiller l'honneur et le patriotisme par des chants et des discours enflammés. Ces patriotes procédaient par des moyens contraires à ceux ordinairement employés en France par les disciples d'une école où les dogmes abstraits, les théories purement philosophiques, quelquefois philanthropiques, encore plus transcendantes, sont en honneur comme au temps des physiocrates prétendant que « rien n'est plus antipathique à la nation que l'esprit militaire ».

Arndt disait à l'Allemagne « qu'elle était un chaos de mollesse, de raffinement intellectuel, de despotisme, qu'elle ressemblait à un vieillard tombé en enfance ».

Quel était le langage de Fichte ? « Qui est-ce qui nous a jetés dans ce désarroi en nous déguisant notre vraie situation, en nous entretenant dans notre légèreté et notre laisser-aller ? N'est-ce pas notre bonne opinion de nous-mêmes ? »

Que la France se montre donc, elle aussi, à hauteur de la situation qui lui a été faite. Qu'elle reconnaisse ses fautes, avoue ses erreurs, qu'elle ne perde pas son temps à discuter pendant qu'on ne cesse de fourbir les armes au delà de ses frontières, pour se préparer à toutes les éventualités en vue de l'existence.

Qu'on s'affranchisse des préjugés, que l'on rejette les doctrines que quelques novateurs cherchent à imposer au pays comme une sorte de végétation touffue et exotique, pour laquelle notre sol n'est pas préparé. Pour arriver à ce résultat, il faut sortir de la période des changements, des essais, des variétés qui énervent la nation sans aucun profit pour la société.

Je sors du cadre que je m'étais tracé. J'y rentre immédiatement avec la certitude que tous ont su tirer de nos désastres un enseignement pour l'avenir.

Les épreuves nous ont fortifiés. Nous avons la force de l'espérance, la fermeté de la foi, parce que l'esprit de l'armée reste droit, que chacun y trouve un énergique soutien dans le cœur, un principe tout-puissant dans la conscience.

Cela suffit. A ceux qui ont eu le courage d'arriver jusqu'à cette dernière page, je dis : merci.

TABLE DES MATIÈRES

CHAPITRE I

ENGAGEMENT ET DÉBUTS

CHAPITRE II

ALGÉRIE

CHAPITRE III

CRIMÉE

CHAPITRE IV

ITALIE

CHAPITRE V

SOUS METZ

Nancy. — Imprimerie Berger-Levrault et Cie.